国家级职业教育规划教材
全国职业院校汽车类专业新形态工作手册式教材
全国技工院校汽车类专业工学一体化教材

汽车自动变速器检测与维修

中德诺浩汽车职业教育研究院　组织编写
主编　吕丕华

中国劳动社会保障出版社

内容简介

本书是全国职业院校汽车类专业新形态工作手册式教材 / 全国技工院校汽车类专业工学一体化教材，由中德诺浩汽车职业教育研究院组织开发。全书共包含 3 个学习情境、16 个学习任务，内容涵盖自动变速器的保养、分解检查自动变速器油泵、清洗检查自动变速器阀体、分解检查自动变速器钢片与摩擦片、自动变速器的测量与组装、自动变速器大修工艺及流程、DSG 变速器控制单元与离合器总成的更换、自动变速器故障的基本检查、自动变速器入挡冲击的故障检测与维修、自动变速器起步无力的故障检测与维修、自动变速器电控系统故障诊断与维修等。

本书可作为全国职业院校与技工院校汽车类专业教学用书，也可作为汽车售后服务企业相关技术人员与社会人士培训参考用书。

本套教材由吕丕华主编，本书由许智达负责编写。

图书在版编目（CIP）数据

汽车自动变速器检测与维修 / 吕丕华主编. -- 北京：中国劳动社会保障出版社，2023

全国职业院校汽车类专业新形态工作手册式教材　全国技工院校汽车类专业工学一体化教材

ISBN 978-7-5167-5846-5

Ⅰ. ①汽…　Ⅱ. ①吕…　Ⅲ. ①汽车 - 自动变速装置 - 车辆检修 - 职业教育 - 教材　Ⅳ. ①U472.41

中国国家版本馆 CIP 数据核字（2023）第 049668 号

中国劳动社会保障出版社出版发行

（北京市惠新东街 1 号　邮政编码：100029）

*

北京市白帆印务有限公司印刷装订　　新华书店经销

880 毫米 ×1230 毫米　16 开本　8.5 印张　207 千字

2023 年 5 月第 1 版　　2023 年 5 月第 1 次印刷

定价：27.00 元

营销中心电话：400-606-6496

出版社网址：http://www.class.com.cn

http://jg.class.com.cn

序

当前，我国正在加快实施“中国制造2025”计划，处于由制造大国向制造强国、由人力资源大国向人力资源强国发展的重要时期，党和国家为此制定了一系列科教兴国、人才强国的战略措施。

在人才队伍中，工作在生产一线的技能型人才是重要基础。高素质技能型人才队伍是推动经济社会发展的重要保障，职业教育是培养高素质技能型人才的主要渠道。尽管世界各国国情不同，发展职业教育的条件、政策和具体措施各异，但无论发达国家还是新兴工业化国家，均普遍重视职业教育在培养高素质技能型人才中的重要作用，把发展职业教育作为人力资源开发、振兴经济、增强国力的战略选择。

德国的职业教育水平处于世界领先地位。德国经济在世界金融危机中之所以依然稳健发展，与其因职业教育发达而拥有大量的高素质技能型人才是分不开的。完备的法律制度和各方面的高度重视，为德国的职业教育发展提供了有力保障。德国的双元制职业教育制度将劳动人事制度与教育制度有机地结合在一起。学校和企业都是培养人才的主体，并承担相应责任，学校和企业的教学计划、形式和内容虽各有侧重，但又相互联系，且均以工作任务为教学载体，将技能学习和训练、理论学习和运用有机结合，充分发挥学生在教学中的主体作用，着力培养学生承担社会责任的能力、独立发现和解决问题的能力、在实践中自主学习的能力。

改革开放以来，我国在借鉴国外先进职业教育经验方面取得了可喜成就。我国职业教育的对外交流与合作就是从借鉴和学习德国经验开始的，中德诺浩（北京）教育投资股份有限公司为此做了积极而有效的探索。

长期以来，该公司致力于引进德国的汽车职业教育资源，与德国手工业协会合作，在国内与以德国品牌为主的汽车合资企业和各类职业院校共同开展教育工作。经过多年的探索，结合我国国情，该公司成功地

引进德国汽车职业教育的课程体系、教学素材和教学方法，并结合互联网手段进行了全方位本土化，在此基础上与 300 多所职业院校联手，为我国汽车维修企业培养了大批优秀人才。与此同时，该公司组织中德两国的汽车技术专家、经验丰富的维修技师和职业教育专家，共同编写了职业院校汽车类专业新形态工作手册式教材。这套教材以培养高技能人才为目标，内容选自实际操作，既“原汁原味”地吸纳了德国经验，又结合我国实际情况充实了教学内容，推动我国汽车维修技能型人才的培养与世界接轨。我期待其在我国培养国际标准汽车高技能人才方面发挥出重要作用，在中国由汽车大国向汽车强国迈进的征程中做出应有的贡献。

唐天标

（本序作者系第十一届全国人大常委会委员、第十一届全国人大教科文卫委员会副主任委员，原中国人民解放军总政治部副主任，上将军衔）

前言

职业教育是国民教育体系和人力资源开发的重要组成部分，肩负着培养多样化人才、传承技术技能、促进就业创业的重要职责。随着新型工业化的推进和科学技术的发展，现代职业教育体系越来越成为国家竞争力的重要支撑。为贯彻落实全国职业教育大会精神，推动现代职业教育高质量发展，加快构建现代职业教育体系，建设技能型社会，弘扬工匠精神，培养更多高素质技术技能人才、能工巧匠、大国工匠，满足我国汽车产业迅猛发展对高端技术技能型汽车人才的需求，中德诺浩在总结多年来将德国汽车职业教育中国本土化经验的基础上，编写了这套职业院校汽车类专业新形态工作手册式教材。

本套教材将理论基础和实践应用有机结合，在引领学生学习汽车专业知识的同时培养学生实际操作技能，具有以下特点：

（1）以企业一线任务为引导，将理论知识与实践技能进行完美结合。

（2）集图、文、声、像于一体，为学生提供多种形式的学习素材。

（3）采用四色印刷，版面简洁清晰、主题明确、色彩清新。

（4）本套教材配有丰富的数字化教学资源，学生可通过扫描每本书专属的封面二维码进行浏览和自学。

本套教材由中德诺浩汽车职业教育研究院组织编写，编写方式充分发挥了学生的主体地位，优化了课堂设计，便于调动学生的学习积极性和主动性，还可培养学生的创新意识和创新能力。

本套教材是职业院校汽车类专业核心课程教材，同时也可供从事汽车研究、设计、制造、使用和维修的工程技术人员学习和参考。

由于时间紧、任务重，本书内容难免有不恰当和错误之处，敬请广大读者批评指正！

编者

2022年10月

目录

CONTENTS

情境一
自动变速器保养与检查

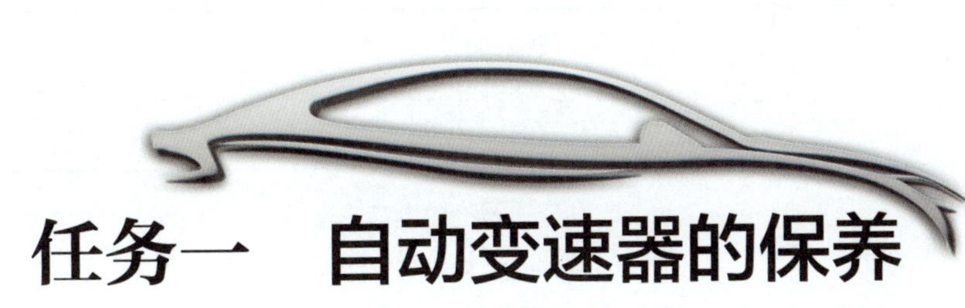

任务一　自动变速器的保养

<table>
<tr><td colspan="6">汽车自动变速器故障诊断与维修任务工单</td></tr>
<tr><td>客户信息</td><td>姓名</td><td colspan="2"></td><td>职业</td><td></td></tr>
<tr><td rowspan="2">车辆信息</td><td colspan="2">车型</td><td colspan="2">VIN 码</td><td>行驶里程</td></tr>
<tr><td colspan="2"></td><td colspan="2"></td><td></td></tr>
<tr><td>客户描述</td><td colspan="5">制动液液位偏低 □ 制动器失灵 □ ABS 故障灯常亮 □ 制动灯常亮 □
轮速传感器无反馈信号 □ ABS 总泵不工作 □ 车辆制动时有异响 □ 自动变速器未保养 □
自动变速器油液变质 □ 自动变速器工作有异响 □ 自动变速器跳挡 □ 自动变速器挡位紊乱 □
其他：</td></tr>
<tr><td colspan="3">车辆外观检查</td><td colspan="3">车辆内部检查</td></tr>
<tr><td>凹凸 □
划痕 □
石击 □
油漆 □</td><td colspan="2"></td><td>污渍 □
破损 □
色斑 □
变形 □</td><td colspan="2"></td></tr>
<tr><td>明确具体工作任务</td><td colspan="5"></td></tr>
</table>

任务目标

- 熟悉自动变速器保养的内容和周期
- 掌握自动变速器的检查方法及其油液的选用标准
- 能够补加与更换自动变速器油液

任务内容

- 自动变速器保养的内容和周期
- 自动变速器的检查方法
- 自动变速器油液的补加方法
- 自动变速器油液的选用标准
- 自动变速器油液的更换方法

续表

 任务重点	● 自动变速器的检查方法 ● 自动变速器油液的补加方法 ● 自动变速器油液的更换方法
 任务难点	● 自动变速器的检查方法 ● 自动变速器油液的更换方法

一、知识讲解

（一）自动变速器保养的内容和周期

自动变速器保养的内容主要以检查和更换为主。检查包括外观检查和自动变速器油液检查，而更换主要是更换自动变速器油液。

根据车辆保养手册要求，自动变速器油液的更换里程为：

1. 公务及商务用车为每 60 000 km 更换一次。

2. 出租车或经常在恶劣条件下使用的车辆每 30 000 km 更换一次。

3. 家庭用车每两年更换一次。

车辆生产厂家并未对自动变速器油液液面检查和油液质量检查时间间隔做出明确规定，可在更换里程或时间周期内进行 1 ~ 2 次检查，或在每次车辆常规保养时进行检查。

自动变速器外观检查的主要内容为泄漏、裂痕和变形检查。

（二）自动变速器的检查方法

首先目视检查自动变速器外壳有无裂缝和变形、自动变速器壳体下方有无油液泄漏等情况，然后分别对自动变速器油和主减速器齿轮油进行检查。

1. 自动变速器油液液面检查

（1）将车辆水平放置于举升机上，使用诊断仪检查无故障码后，将自动变速器换挡杆置于 P 挡。

（2）启动发动机并使其怠速运转。连接诊断仪，进入自动变速器控制单元“读取数据块”功能界面，输入通道号 005，观察自动变速器油温值。

（3）举升车辆，拆下自动变速器油底壳上的观察孔螺栓后，观察孔内的溢流管。当油温达到 35 ~ 45 ℃时，若溢流管正好有油滴溢出，则说明油量正常；若无油滴溢出，则应通过加油口补加自动变速器油，直到有油滴溢出为止。

（4）检查完毕，应使用扳手以 15 N · m 力矩拧紧观察孔螺栓。

2. 主减速器齿轮油检查

主减速器齿轮油与自动变速器油分别被隔开到两个腔内，且主减速器齿轮油为免维护用油，即一次加注，永久使用，但为了安全考虑，一般每隔两个常规保养周期要检查一下液面高度。检查时，将自动变速器车速传感器取出，然后观察其头部的刻度尺，若少于规定值，应补加主减速器齿轮油。

（三）自动变速器油液的补加方法

首先使用旋具撬起用于固定加油口油塞的端盖；从加油口上拔下油塞；使用自动变速器油液加注工具向自动变速器内部加注油液，直到有油液从溢流孔溢出；更换新的密封圈后，将观察孔螺栓用扳手以 15 N·m 的力矩拧紧；最后安装加油口油塞，并安装固定端盖。

（四）自动变速器油液选用标准

自动变速器油是特殊的高级润滑油，不仅具有润滑、冷却作用，还具有液力传递和液压作用，以控制自动变速器的离合器和制动器工作的性能。如果不按规定使用自动变速器油，将影响自动变速器的使用寿命。

自动变速器油的型号很多，不同车型的用油规定也不同，一般应按汽车使用说明书的规定选用。

（五）自动变速器油液的更换方法

拆下油底壳上的观察孔螺栓；使用内六角扳手拆下孔内的溢流管，放掉自动变速器油；拆下油底壳，更换滑阀箱下的自动变速器油滤清器；装上油底壳及溢流管，用手拧紧观察孔螺栓；依据维修手册标准通过加油口加入适量的自动变速器油；启动发动机并在车辆静止状态下将所有挡位都试挂一次；最后重新检查自动变速器油液面高度。

加油口和加油口螺栓外形如图 1-1 所示。

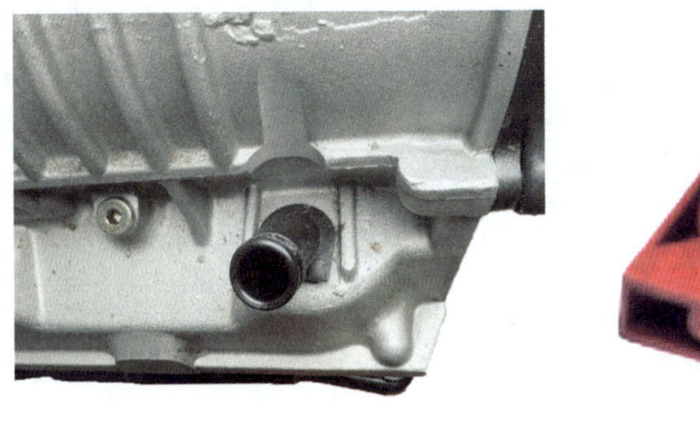

加油口　　加油口螺栓

图 1-1　加油口和加油口螺栓外形

二、任务准备

在下列图片中勾选出完成本任务所需的工具、设备、资料等。

扭力扳手	油管扳手	三件套	吹尘枪

 诊断仪	 工具车	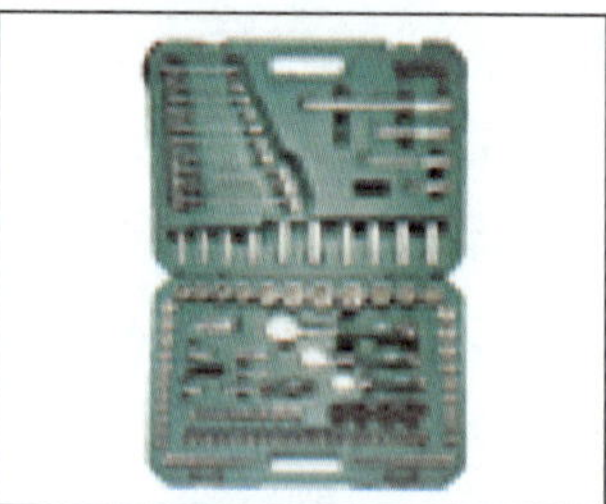 工具套件	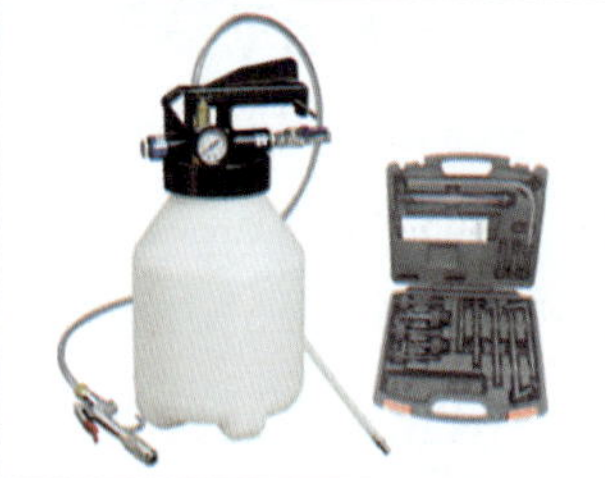 自动变速器油加注机

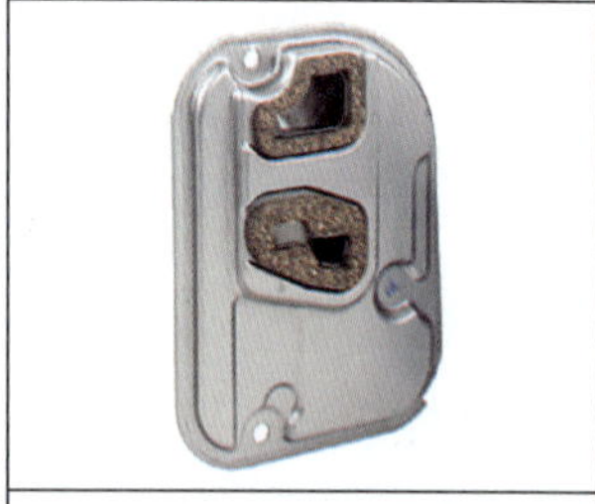 自动变速器油滤清器	 抹布	 接油盆	 手电筒

 举升机	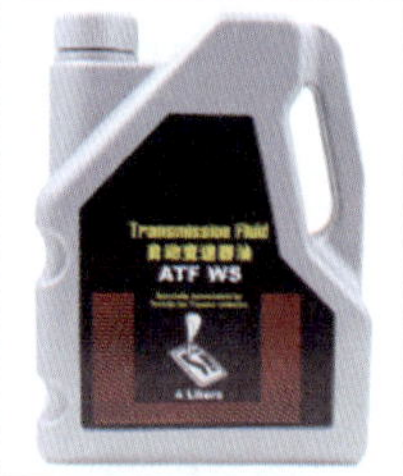 自动变速器油	 维修手册	 轮速传感器	 实训整车

三、防护措施

1. 进入车间应穿工鞋、戴工帽；工作服应穿戴整齐；操作时不可佩戴手表等金属饰品，以防划伤车辆表面。

2. 举升车辆时应严格按照举升机使用方法进行操作，并通知其他人员远离举升设备。

3. 更换油液或配件时应做好油液和配件的回收清理工作，以免对工作环境造成污染。

识别下列三幅车间操作图片，勾选出操作正确的图片。

四、任务分配（见表 1-1）

表 1-1 任务分配表

职务	代码	姓名	工作内容
组长	A		
组员	B		
	C		
	D		
	E		

五、任务实施

（一）操作步骤

将表 1-2 中的工作内容进行排序，并填写所需的工具、设备、资料以及相关的注意事项。

表 1-2 操作步骤

步骤	工作内容	工具、设备、资料	注意事项
	安装车辆防护工具		
	查阅相关资料，从整车上找到自动变速器加油口和溢流孔的位置		
	检查自动变速器外壳有无裂缝，油底壳有无拖底变形，壳体下方有无油液泄漏		
	拆下油底壳，更换滑阀箱下的自动变速器油滤清器		
	拆下溢流管，放掉自动变速器油		
	拆下油底壳上的观察孔螺栓		
7	装上油底壳及溢流管，用手拧紧观察孔螺栓		
	使用内六角扳手拆卸观察孔螺栓，观察是否有油液流出。若有油液流出，则说明油量正常，安装并紧固观察孔螺栓；若无油液流出，则需添加油液		
	接入诊断仪并启动发动机，选取“自动变速器电控”“测量值”以及第 4 组第 1 区，观察油温变化，在油温 35 ~ 45 ℃时进行油液检查		
	通过加油口加入适量的自动变速器油，启动发动机并在车辆静止状态下将所有挡位都试挂一次		
	重新检查自动变速器油液面高度		
12	整理工具，打扫场地卫生		

（二）实施记录

结合任务实施过程，对照表 1-3 中的检查项目，勾选或填写出实际的检查结果。

表 1-3　实施记录

序号	项目	检查结果或工具型号	备注
1	安装车辆防护工具	完成 □　未完成 □	
2	检查自动变速器外壳	裂缝 □　变形 □　漏油 □	
3	自动变速器油液面高度	正常 □　不正常 □	
4	拆装加油口螺栓	工具型号：______	紧固至 15 N · m
5	拆装观察孔螺栓	工具型号：______内六角扳手	
6	拆装油底壳螺栓	工具型号：______套筒	8 个螺栓
7	拆装自动变速器油滤清器	工具型号：______套筒	紧固至 11 N · m
8	拆装溢流管	完成 □　未完成 □	
9	加注自动变速器油	加注机型号：______	加注油量：______ L
10	检查自动变速器油油量	正常 □　不正常 □	
11	操作诊断仪	诊断仪型号：______	
12	再次检查自动变速器油液面高度	正常 □　不正常 □	
13	整理工具，打扫场地卫生	完成 □　未完成 □	

六、检查

（一）自检

结合本组任务操作过程，对任务执行过程中的操作规范性进行检查，如果存在问题，分析讨论应如何避免，并总结规范的操作方法（见表 1-4）。

表 1-4　自检

检查项目	结果
车辆停放位置是否合适，是否将自动变速器置于 P 挡并拉紧驻车制动器	
是否使用三件套对车辆进行防护	
是否按规范操作举升机，是否注意人身安全	
更换自动变速器油液时是否有操作步骤遗漏	
系统故障是否排除	
工作场地是否清洁，车辆是否复位	

（二）互检

组与组之间相互进行任务操作过程及结果检查，并把检查结果填写在表 1-5 中。

表 1-5 互检

检查项目	结果
车辆停放位置是否合适，是否将自动变速器置于 P 挡并拉紧驻车制动器	
是否使用三件套对车辆进行防护	
是否按规范操作举升机，是否注意人身安全	
更换自动变速器油液时是否有操作步骤遗漏	
系统故障是否排除	
工作场地是否清洁，车辆是否复位	

七、课堂小结

任务二　分解检查自动变速器油泵

<table>
<tr><th colspan="7">汽车自动变速器故障诊断与维修任务工单</th></tr>
<tr><td>客户信息</td><td>姓名</td><td colspan="2"></td><td>职业</td><td colspan="2"></td></tr>
<tr><td rowspan="2">车辆信息</td><td colspan="2">车型</td><td colspan="2">VIN 码</td><td colspan="2">行驶里程</td></tr>
<tr><td colspan="2"></td><td colspan="2"></td><td colspan="2"></td></tr>
<tr><td>客户描述</td><td colspan="6">制动液液位偏低 □ 制动器失灵 □ ABS 故障灯常亮 □ 制动灯常亮 □
轮速传感器无反馈信号 □ ABS 总泵不工作 □ 车辆制动时有异响 □ 自动变速器未保养 □
自动变速器油液变质 □ 自动变速器工作有异响 □ 自动变速器跳挡 □ 自动变速器挡位紊乱 □
其他：</td></tr>
<tr><th colspan="3">车辆外观检查</th><th colspan="4">车辆内部检查</th></tr>
<tr><td>凹凸 □</td><td colspan="2" rowspan="4"></td><td>污渍 □</td><td colspan="3" rowspan="4"></td></tr>
<tr><td>划痕 □</td><td>破损 □</td></tr>
<tr><td>石击 □</td><td>色斑 □</td></tr>
<tr><td>油漆 □</td><td>变形 □</td></tr>
<tr><td>明确具体工作任务</td><td colspan="6"></td></tr>
</table>

任务目标

- 熟悉自动变速器油泵的作用和位置
- 熟悉自动变速器油泵的工作原理和损坏形式
- 能够检查与组装自动变速器油泵

任务内容

- 自动变速器油泵的作用和位置
- 自动变速器油泵的工作原理和损坏形式
- 自动变速器油泵的检查与组装

续表

	● 自动变速器油泵的工作原理和损坏形式 ● 自动变速器油泵的检查与组装
	● 自动变速器油泵的检查与组装

一、知识讲解

（一）自动变速器油泵的位置和作用

自动变速器的油泵一般安装在自动变速器前方，通过固定螺栓固定在自动变速器壳体上。

自动变速器油泵的主要作用是向自动变速器的离合器和制动器提供液压压力；向整个系统的各个润滑表面输送一定压力的自动变速器油，以保证自动变速器的润滑；另外还向液力变矩器提供自动变速器油，使液力变矩器中的自动变速器油循环散热。

（二）自动变速器油泵的工作原理和损坏形式

自动变速器油泵的工作原理与发动机机油泵的工作原理大致相同，其根据结构不同可分为齿轮泵、转子泵和叶片泵，如图 2-1 所示。其中自动变速器采用的齿轮泵主要以内啮合齿轮泵为主。

a）

b）

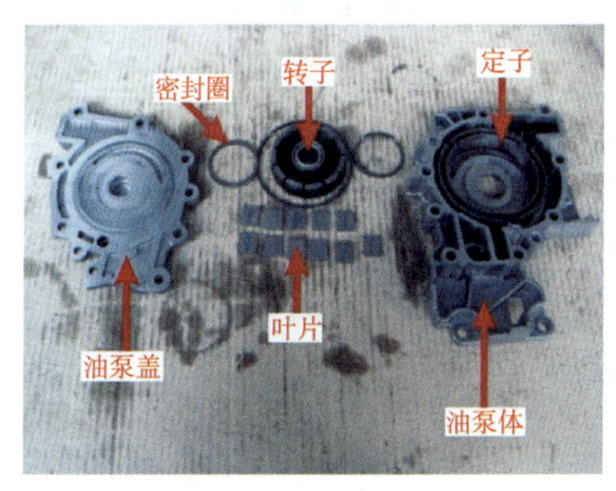

c）

图 2-1　自动变速器油泵

a）齿轮泵　b）转子泵　c）叶片泵

内啮合齿轮泵主要由油泵壳体、齿圈、驱动齿轮等组成，在驱动齿轮与齿圈之间安装有月牙形隔板。

驱动齿轮由液力变矩器壳体上的轴套驱动。当启动发动机时，液力变矩器随着发动机一起旋转，变矩器壳体上的轴套驱动油泵小齿轮转动。在油泵的进油口，小齿轮与齿圈脱离啮合，空间变大，自动变速器油被吸入到两个齿轮上每个齿的间隙中，两个齿轮的齿开始进入啮合，齿与齿之间的间隙变小，自动变速器油随着转动被带到油泵出油口。油泵上的月牙形隔板就是为了隔离小齿轮与齿圈之间的空隙，防止自动变速器油被挤回油泵的进油口而设置的。

油泵常见的损坏形式为磨损。随着油泵转动，油泵的齿轮与壳体和月牙形隔板之间的磨损越来越大，导致部分自动变速器油通过齿顶的间隙流回油泵进油口，从而导致出油口压力不足，自动变速器液压控制系统主油压降低，负责挡位变化的离合器与制动器出现打滑现象，自动变速器的传动性能下降。

自动变速器油泵如图 2–2 所示。

图 2–2 自动变速器油泵

（三）油泵的检查与组装

1. 油泵的拆卸与分解

拆卸自动变速器上的油泵固定螺栓，取出油泵；使用内六角套筒扳手拆下油泵壳体固定螺栓，分解油泵。

2. 油泵的检查

检查油泵上的活塞环有无磨损、断裂、变形等情况；检查油泵止推垫片有无烧蚀、变形或过度磨损；使用塞尺检查油泵各间隙是否正常。

3. 油泵的组装

将油泵装复后，使用扭力扳手以 10 N · m 的力矩拧紧油泵壳体上的固定螺栓，再拧 45°；将油泵止推垫片和活塞环装到油泵上，并将活塞环接口挂钩挂住；将油泵装回自动变速器，并使用扭力扳手紧固油泵固定螺栓。

二、任务准备

在下列图片中勾选出完成本任务所需的工具、设备、资料等。

扭力扳手	油管扳手	三件套	刀口尺
旋具套装	工具车	工具套件	塞尺

 带磁性表座的百分表	 抹布	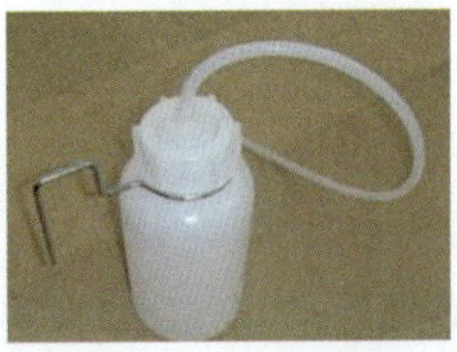 制动液收集瓶	 手电筒

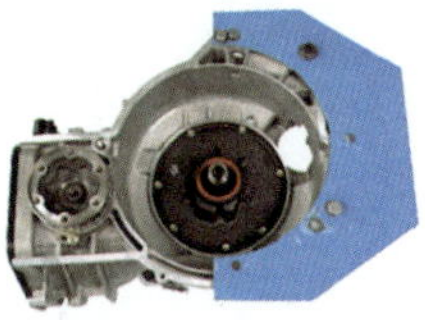 自动变速器台架	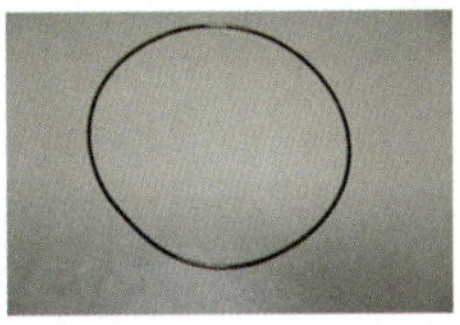 密封圈	 维修手册	 油泵螺栓	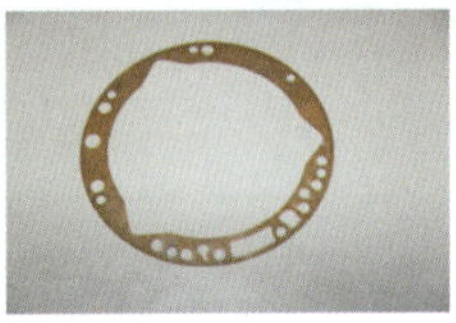 油泵垫
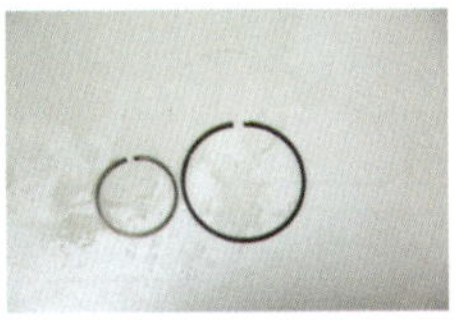	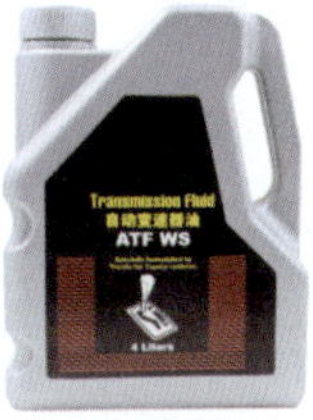			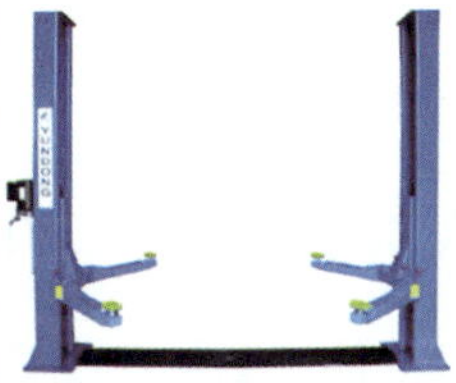
活塞环	自动变速器油	轮速传感器	实训整车	举升机

三、防护措施

1. 进入车间应穿工鞋、戴工帽；工作服应穿戴整齐；操作时不可佩戴手表等金属饰品，以防划伤车辆表面。

2. 举升车辆时应严格按照举升机使用方法进行操作，并通知其他人员远离举升设备。

3. 更换油液或配件时应做好油液和配件的回收清理工作，以免对工作环境造成污染。

识别下列三幅车间操作图片，勾选出操作正确的图片。

四、任务分配（见表 2-1）

表 2-1　任务分配表

职务	代码	姓名	工作内容
组长	A		
组员	B		
	C		
	D		
	E		

五、任务实施

（一）操作步骤

将表 2-2 中的工作内容进行排序，并填写所需的工具、设备、资料以及相关的注意事项。

表 2-2　操作步骤

步骤	工作内容	工具、设备、资料	注意事项
	安装车辆防护工具		
	拆卸自动变速器上的油泵固定螺栓，取出油泵		
	检查活塞内外唇口是否破损、开裂、划伤，橡胶是否老化		
	拆下油泵壳体固定螺栓，分解油泵		
	检查轴及轴套是否存在点蚀、划伤、偏磨		
	检查油泵上的活塞环有无磨损、断裂、变形		
	检查油泵密封圈是否破损、断裂，橡胶是否老化		
	检查油泵止推垫片有无烧蚀、变形或过度磨损		
	检查油泵各间隙是否正常		齿轮端面间隙为 0.02～0.05 mm，最大间隙为 0.10 mm 壳体间隙为 0.07～0.15 mm，最大间隙为 0.30 mm 齿顶间隙为 0.11～0.14 mm，最大间隙为 0.30 mm
	将油泵装复后，拧紧油泵壳体上的固定螺栓		用 10 N · m 的力矩拧紧后再拧 45°
	将油泵装回自动变速器，并紧固油泵固定螺栓		用 20 N · m 的力矩拧紧
	将油泵止推垫片和活塞环装到油泵上，并将活塞环接口挂钩挂住		
	整理工具，打扫场地卫生		

（二）实施记录

结合任务实施过程，对照表 2–3 中的检查项目，勾选或填写出实际的检查结果。

表 2–3 实施记录

序号	项目	拆装检测内容		备注
1	安装车辆防护工具	完成 □ 未完成 □		
2	检查活塞内外唇口	破损 □ 开裂 □ 划伤 □ 橡胶老化 □		
3	检查轴及轴套	点蚀 □ 划伤 □ 偏磨 □		
4	检查油泵止推垫片	烧蚀 □ 变形 □ 过度磨损 □		
5	检查油泵上的活塞环	磨损 □ 断裂 □ 变形 □		
6	检查油泵密封圈	破损 □ 断裂 □ 橡胶老化 □		
7	测量齿轮端面间隙	检测值：		
8	测量壳体间隙	检测值：		
9	测量齿顶间隙	检测值：		
10	拆装油泵固定螺栓	工具：	扭矩：	7 个油泵固定螺栓
11	拆装油泵壳体固定螺栓	工具：	扭矩：	5 个油泵导轮支架固定螺栓
12	整理工具，打扫场地卫生	完成 □ 未完成 □		

六、检查

（一）自检

结合本组任务操作过程，对任务执行过程中的操作规范性进行检查，如果存在问题，分析讨论应如何避免，并总结规范的操作方法（见表 2–4）。

表 2–4 自检

检查项目	结果
车辆停放位置是否合适，是否将自动变速器置于 P 挡并拉紧驻车制动器	
是否使用三件套对车辆进行防护	
举升机是否按规范操作，是否注意人身安全	
自动变速器油泵检测项目是否有漏项	
系统故障是否排除	
工作场地是否清洁，车辆是否复位	

（二）互检

组与组之间相互进行任务操作过程及结果检查，并把检查结果填写在表 2–5 中。

表 2-5　互检

检查项目	结果
车辆停放位置是否合适，是否将自动变速器置于 P 挡并拉紧驻车制动器	
是否使用三件套对车辆进行防护	
举升机是否按规范操作，是否注意人身安全	
自动变速器油泵检测项目是否有漏项	
系统故障是否排除	
工作场地是否清洁，车辆是否复位	

七、课堂小结

任务三　清洗检查自动变速器阀体

<table>
<tr><td colspan="6">汽车自动变速器故障诊断与维修任务工单</td></tr>
<tr><td>客户信息</td><td>姓名</td><td colspan="2"></td><td>职业</td><td></td></tr>
<tr><td rowspan="2">车辆信息</td><td colspan="2">车型</td><td colspan="2">VIN 码</td><td>行驶里程</td></tr>
<tr><td colspan="2"></td><td colspan="2"></td><td></td></tr>
<tr><td>客户描述</td><td colspan="5">制动液液位偏低 □ 制动器失灵 □ ABS 故障灯常亮 □ 制动灯常亮 □
轮速传感器无反馈信号 □ ABS 总泵不工作 □ 车辆制动时有异响 □ 自动变速器未保养 □
自动变速器油液变质 □ 自动变速器工作有异响 □ 自动变速器跳挡 □ 自动变速器挡位紊乱 □
其他：</td></tr>
<tr><td colspan="3">车辆外观检查</td><td colspan="3">车辆内部检查</td></tr>
<tr><td>凹凸 □
划痕 □
石击 □
油漆 □</td><td colspan="2"></td><td>污渍 □
破损 □
色斑 □
变形 □</td><td colspan="2"></td></tr>
<tr><td>明确具体工作任务</td><td colspan="5"></td></tr>
</table>

任务目标

- 熟悉滑阀箱的作用
- 熟悉滑阀箱的组成及控制原理
- 能够拆装与分解滑阀箱

任务内容

- 滑阀箱的作用
- 滑阀箱的组成及控制原理
- 滑阀箱的拆装与分解

续表

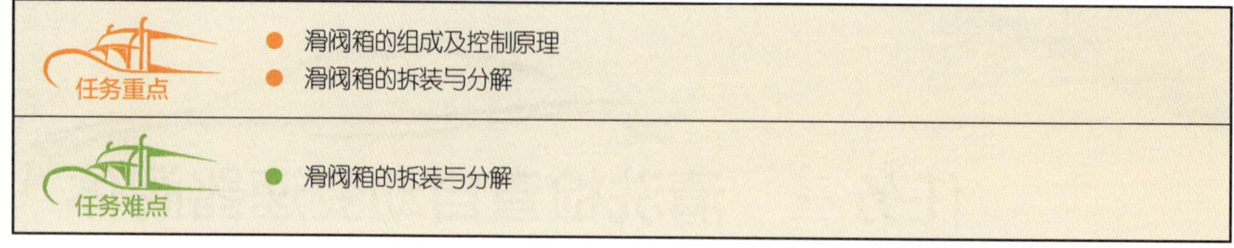

任务重点	● 滑阀箱的组成及控制原理 ● 滑阀箱的拆装与分解
任务难点	● 滑阀箱的拆装与分解

一、知识讲解

（一）滑阀箱的作用

自动变速器液压控制系统总成被称为滑阀箱。滑阀箱安装在自动变速器底部油底壳内，主要作用是通过滑阀箱中的各个滑阀控制自动变速器中不同执行元件的工作状态和润滑油压，从而保证自动变速器的润滑和实现挡位变化。

（二）滑阀箱的组成与控制原理

滑阀箱主要由阀板和阀芯组成，如图 3-1 所示。阀板是整个液压控制系统油路组成的主要部分，在阀板上开有很多孔槽，这些孔槽连接到各个执行元件，通过孔槽中的阀芯改变油液的流动方向，从而实现对执行元件的结合和分离控制。

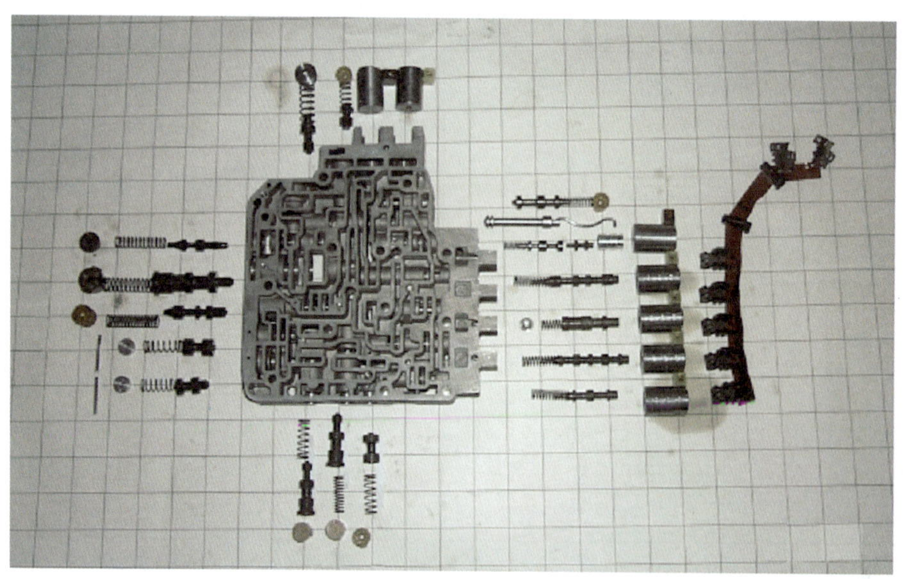

图 3-1　滑阀箱的组成

（三）滑阀箱的拆装与分解

1. 滑阀箱的拆卸

放掉自动变速器油，拆下油底壳并拆下自动变速器油滤芯；使用专用工具拆下滑阀箱上各个电磁阀的插头；使用扳手将滑阀箱固定螺栓拆下，并取下滑阀箱。

2. 滑阀箱的分解

拆卸滑阀箱上的盖板紧固螺栓，取下滑阀箱盖板，并注意滑阀箱内部小球的安装位置；使用专用工具拆下所有电磁阀，并取出内部阀芯；沿滑阀箱顺时针或逆时针方向依次将拆下的阀芯摆放好；拆卸滑阀箱其他阀芯，并摆放好。

3. 滑阀箱的清洗与检查

使用煤油或汽油清洗滑阀箱阀板；依次清洗各个阀芯，清洗完毕按原来的位置摆放好；清洗油底壳，并清除油底壳磁铁上的铁屑；将各个阀芯安装到阀板上，并使用一字旋具轻轻拨动阀芯，观察有无明显卡滞现象。

4. 滑阀箱的组装与安装

按照与分解相反的顺序组装滑阀箱。将滑阀箱安装到自动变速器底部并使用 5 N·m 的力矩拧紧固定螺栓，然后安装所有电磁阀插头，再安装自动变速器油滤清器和油底壳。

安装好的滑阀箱如图 3–2 所示。

图 3–2 安装好的滑阀箱

二、任务准备

在下列图片中勾选出完成本任务所需的工具、设备、资料等。

扭力扳手	接油盆	三件套	吹尘枪

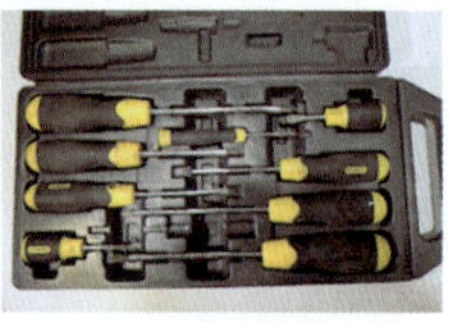 旋具套装	 工具车	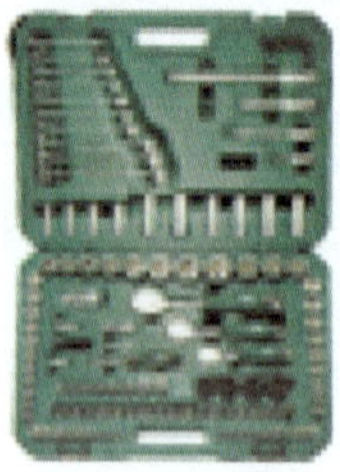 工具套件	 尖嘴钳
 毛刷	 抹布	 手电筒	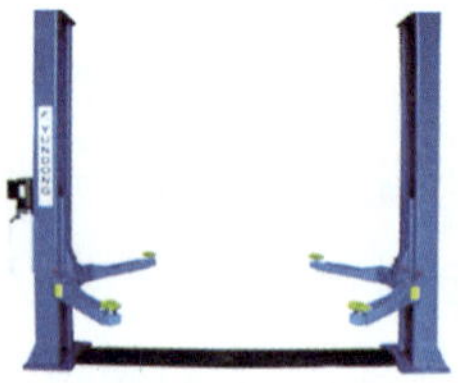 举升机
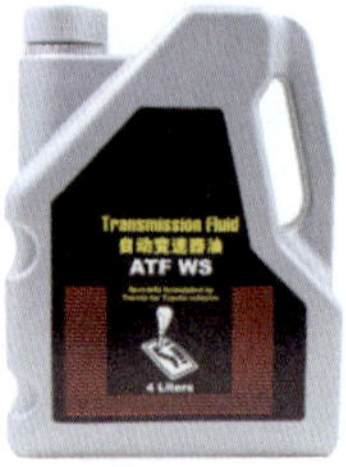 自动变速器油	 维修手册	 化油器清洗剂	 实训整车

三、防护措施

1. 进入车间应穿工鞋、戴工帽；工作服应穿戴整齐；操作时不可佩戴手表等金属饰品，以防划伤车辆表面。

2. 举升车辆时应严格按照举升机使用方法进行操作，并通知其他人员远离举升设备。

3. 更换油液或配件时应做好油液和配件的回收清理工作，以免对工作环境造成污染。

识别下列三幅车间操作图片，勾选出操作正确的图片。

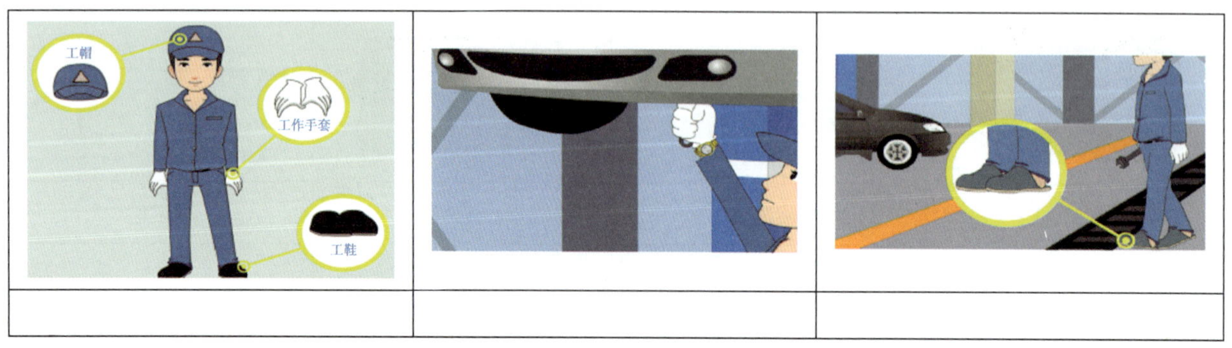

四、任务分配（见表 3-1）

表 3-1 任务分配表

职务	代码	姓名	工作内容
组长	A		
组员	B		
	C		
	D		
	E		

五、任务实施

（一）操作步骤

将表 3-2 中的工作内容进行排序，并填写所需的工具、设备、资料以及相关的注意事项。

表 3-2 操作步骤

步骤	工作内容	工具、设备、资料	注意事项
1	安装车辆防护工具		
	查阅相关维修资料，从整车上找到滑阀箱的位置		
	拆卸滑阀箱。拆卸阀体排线固定螺栓，并将固定在自动变速器壳体上的线束取下。使用专用工具拆卸电磁阀插接器，整体取下排线		
	拆卸阀体固定螺栓，旋转阀体角度，将阀体手动阀上的弯钩断开，取出制动器 B1 的导油管		
	分解滑阀箱。分解上下阀体，拆卸电磁阀方向阀芯，分别拆卸第三、第四、第五面阀芯		
	清洗滑阀箱，检查阀芯的工作性能		
	组装滑阀箱		
	安装制动器 B1 的导油管		
	将滑阀箱装回自动变速器		
	整理工具，打扫场地卫生		

（二）实施记录

结合任务实施过程，对照表 3-3 中的检查项目，勾选或填写出实际的检查结果。

表 3-3　实施记录

序号	项目	检查结果或工具		备注
1	安装车辆防护工具	完成 □　未完成 □		
2	拆卸滑阀箱	完成 □　未完成 □		
3	滑阀箱是否清洁干净	干净 □　不干净 □		
4	滑阀箱安装位置	正常 □　不正常 □		
5	电磁阀阀芯自由滑落情况	正常 □　不正常 □		
6	拆装阀体固定螺栓	工具：______	扭矩：	
7	拆装电磁阀插接器排线固定螺栓	工具：______套筒	扭矩：	
8	安装滑阀箱	完成 □　未完成 □	扭矩：	
9	整理工具，打扫场地卫生	完成 □　未完成 □		

六、检查

（一）自检

结合本组任务操作过程，对任务执行过程中的操作规范性进行检查，如果存在问题，分析讨论应如何避免，并总结规范的操作方法（见表 3-4）。

表 3-4　自检

检查项目	结果
车辆停放位置是否合适，是否将自动变速器置于 P 挡并拉紧驻车制动器	
是否使用三件套对车辆进行防护	
是否按规范操作举升机，是否注意人身安全	
滑阀箱检测项目是否有漏项	
系统故障是否排除	
工作场地是否清洁，车辆是否复位	

（二）互检

组与组之间相互进行任务操作过程及结果检查，并把检查结果填写在表 3-5 中。

表 3-5　互检

检查项目	结果
车辆停放位置是否合适，是否将自动变速器置于 P 挡并拉紧驻车制动器	

续表

检查项目	结果
是否使用三件套对车辆进行防护	
是否按规范操作举升机，是否注意人身安全	
滑阀箱检测项目是否有漏项	
系统故障是否排除	
工作场地是否清洁，车辆是否复位	

七、课堂小结

任务四　分解检查自动变速器钢片与摩擦片

<table>
<tr><td colspan="7">汽车自动变速器故障诊断与维修任务工单</td></tr>
<tr><td>客户信息</td><td>姓名</td><td colspan="2"></td><td>职业</td><td colspan="2"></td></tr>
<tr><td rowspan="2">车辆信息</td><td colspan="2">车型</td><td colspan="2">VIN 码</td><td colspan="2">行驶里程</td></tr>
<tr><td colspan="2"></td><td colspan="2"></td><td colspan="2"></td></tr>
<tr><td>客户描述</td><td colspan="6">制动液液位偏低 □ 制动器失灵 □ ABS 故障灯常亮 □ 制动灯常亮 □
轮速传感器无反馈信号 □ ABS 总泵不工作 □ 车辆制动时有异响 □ 自动变速器未保养 □
自动变速器油液变质 □ 自动变速器工作有异响 □ 自动变速器跳挡 □ 自动变速器挡位紊乱 □
其他：</td></tr>
<tr><td colspan="3">车辆外观检查</td><td colspan="4">车辆内部检查</td></tr>
<tr><td>凹凸 □</td><td colspan="2" rowspan="4"></td><td>污渍 □</td><td colspan="3" rowspan="4"></td></tr>
<tr><td>划痕 □</td><td>破损 □</td></tr>
<tr><td>石击 □</td><td>色斑 □</td></tr>
<tr><td>油漆 □</td><td>变形 □</td></tr>
<tr><td>明确具体工作任务</td><td colspan="6"></td></tr>
</table>

任务目标

- 掌握自动变速器传动的基本原理
- 掌握离合器、制动器的工作原理
- 熟悉自动变速器执行元件
- 能够进行自动变速器的拆装与检查

任务内容

- 自动变速器传动的基本原理
- 自动变速器执行元件
- 离合器的工作原理
- 制动器的工作原理
- 自动变速器的拆装与检查

续表

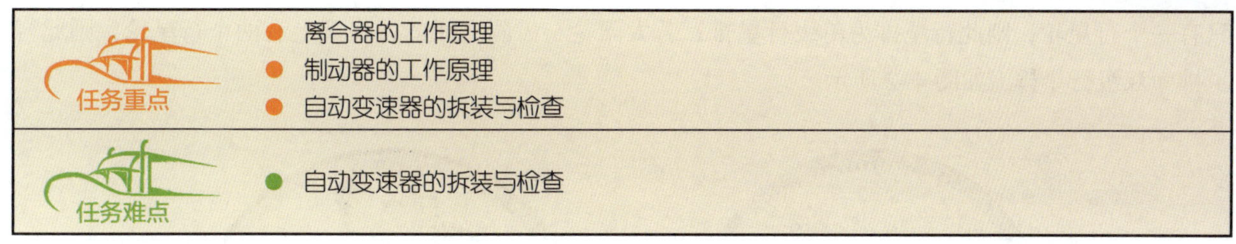

任务重点	● 离合器的工作原理 ● 制动器的工作原理 ● 自动变速器的拆装与检查
任务难点	● 自动变速器的拆装与检查

一、知识讲解

（一）自动变速器传动的基本原理

1. 行星齿轮机构的工作原理

行星齿轮机构是由太阳轮、齿圈、行星架、行星轮等组成的传动机构，如图 4–1 所示。在同一组行星齿轮中，通过改变齿轮组的输入元件和输出元件，即可得到不同的传动方向和传动比（见表 4–1）。

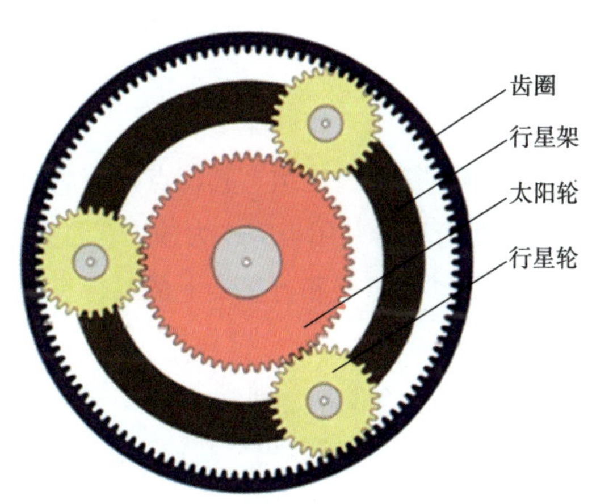

图 4–1 行星齿轮机构的结构

表 4–1 不同组合情况下的传动方向和传动比

主动元件	从动元件	固定元件	传动方向	传动比
太阳轮	齿圈	行星架	相反	减速
太阳轮	行星架	齿圈	相同	减速
行星架	太阳轮	齿圈	相同	增速
行星架	齿圈	太阳轮	相同	增速
齿圈	太阳轮	行星架	相反	增速
齿圈	行星架	太阳轮	相同	减速
备注：任意两个元件做主动，齿轮机构为 1∶1 传动；无固定元件，则齿轮传动机构传动比为 0				

自动变速器是靠改变行星齿轮中的主动元件和固定元件来实现传动比和传动方向的改变的。

一个太阳轮、一个齿圈、一个行星架与行星轮组成一个行星排。若太阳轮与齿圈之间的行星架上只有一个行星轮，则此行星排为单级行星排；若太阳轮与齿圈之间的行星架上有两个行星轮，则此行星排为双级行星排，如图 4–2 所示。

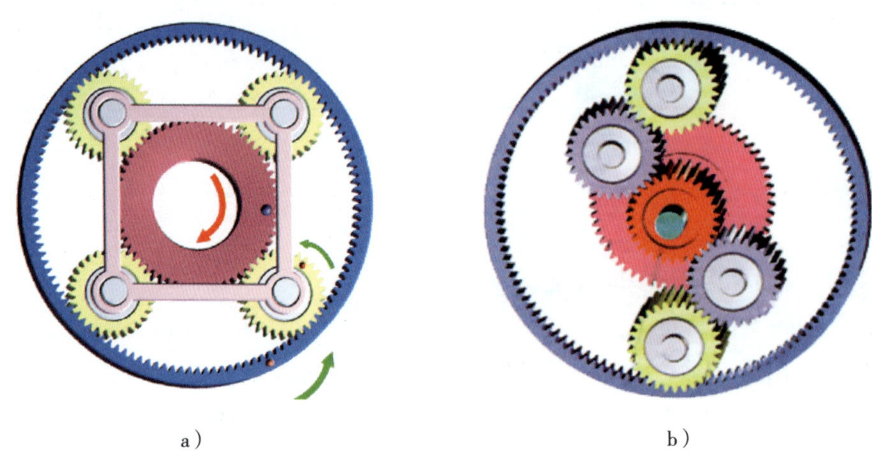

a）　　b）

图 4–2　行星齿轮结构

a）单级行星排　b）双级行星排

2. 01M 自动变速器行星齿轮传动机构的工作原理

01M 自动变速器采用“拉维奈尔赫”行星齿轮组，其特点是前后有两个行星排，前行星排为单级行星排，后行星排为双级行星排，前后行星排共用齿圈作为输出，且共用一个行星架。

前排单级行星排由大太阳轮、齿圈、行星架和行星架上的长行星轮组成，后排双级行星排则由小太阳轮、齿圈及带长短行星轮的行星架组成。

该行星齿轮组可以实现 4 个前进挡和 1 个倒挡，即：

（1）1 挡：小太阳轮输入，行星架固定，齿圈输出，减速传动。

（2）2 挡：小太阳轮输入，大太阳轮固定，齿圈输出，减速传动。

（3）3 挡：小太阳轮与行星架一起输入形成直接挡，1∶1 传动。

（4）4 挡：行星架输入，大太阳轮固定，齿圈输出，增速传动。

（5）倒挡：大太阳轮输入，行星架固定，齿圈输出，减速传动。

（二）自动变速器执行元件

由自动变速器的传动原理可知，在“拉维奈尔赫”行星齿轮的自动变速器中，一共需要 3 个离合器和 2 个制动器即可实现自动变速器 4 个前进挡和 1 个倒挡的变化，即：小太阳轮离合器 K1、大太阳轮离合器 K2、行星架离合器 K3、行星架制动器 B1、大太阳轮制动器 B2。

自动变速器在各个挡位时的执行元件工作情况见表 4–2。

表 4–2　执行元件工作情况

自动变速器挡位		执行元件
D 挡	D1	K1、F
	D2	K1、B2

续表

自动变速器挡位		执行元件
D挡	D3	K1、K3
	D4	K3、B2
R挡（倒挡）		K2、B1

为了改善1挡换2挡时的平顺性和简化油路控制，1挡时，行星架的固定靠单向离合器F来实现。小太阳轮离合器K1为自动变速器D1～D3挡离合器，行星架离合器K3为自动变速器D4挡离合器（也叫高速挡离合器），大太阳轮制动器B2为D2、D4挡制动器，大太阳轮离合器K2和行星架制动器B1则分别为倒挡离合器和倒挡制动器。

当以上这些执行元件任意一个损坏时，都会导致自动变速器出现打滑、传动效率下降的情况。因此，当发现自动变速器打滑时应首先检查执行元件有无损坏。

（三）离合器的工作原理

离合器是连接两个转轴的装置，主要由活塞、钢片和摩擦片等组成。其中钢片带有外齿，与主动轴的内花键啮合在一起；摩擦片则带有内齿，套在从动轴的外花键上；在主动轴的最内端有一个可以轴向移动的活塞。以每两片钢片中间夹一片摩擦片的形式，将钢片和摩擦片安装到主动轴的内花键中，并在最外端安装弹性挡圈固定。当活塞向外移动时，就会将摩擦片和钢片结合在一起，通过摩擦力将输入轴的转矩传递给输出轴。

（四）制动器的工作原理

制动器根据其结构和原理不同，可分为片式制动器和带式制动器。片式制动器的工作原理与离合器相似，也是采用钢片与摩擦片的结构，唯一区别是与制动器的钢片连接的是自动变速器壳体。带式制动器主要由制动带、制动鼓和制动活塞组成。制动带的一端与壳体相连，另一端则由壳体上的制动活塞推动。当制动活塞的推杆向外移动时，推动制动带收紧，从而将制动鼓收紧，起到制动的作用。

（五）自动变速器的拆装与检查

1. 自动变速器传动系统的拆卸

拆下油泵和阀板，并取下倒挡制动器B1的进油孔密封圈，再取出带有隔离管的离合器和制动器B2；拆卸自动变速器后端盖，并将旋具插入大太阳轮的孔内，松开紧固小太阳轮输入轴的螺栓，取出小太阳轮输入轴和大太阳轮；取下隔离管弹性挡圈和单向离合器弹性挡圈，并用尖嘴钳夹住单向离合器的定位楔块取出单向离合器；最后取出行星架和制动器B1。

2. 自动变速器与离合器的分解

将离合器K2从输入轴上取下，并使用压床、垫片、垫板、套筒等专用工具分离离合器K1和K3；使用一字旋具撬出离合器K2和K3上的弹性挡圈，并取出离合器钢片和摩擦片；使用一字旋具撬出离合器K1上的弹性挡圈，并将摩擦片支架与摩擦片和钢片一同倒出；最后取下摩擦片支架上的部分摩擦片和钢片，并取下摩擦片支架内部的止推轴承。

3. 离合器与制动器的检查

检查各个离合器和制动器的钢片有无烧蚀、变色和翘曲变形等现象；检查各个离合器和制动器的

摩擦片有无变形、厚度是否符合标准以及表面摩擦物质有无脱落现象；检查带式制动器的制动带厚度及表面摩擦物质有无脱落，制动鼓表面有无烧蚀、变色。

4. 离合器 K1 的组装

将新的离合器摩擦片放入自动变速器油中浸泡 15 min 以上；将离合器摩擦片支架倒放在工作台上，先安装压盘，再安装 3 片摩擦片和 2 片钢片；安装止推轴承到摩擦片支架上；将波形弹片装入离合器 K1 的壳体中，然后装入 2 mm 厚的钢片，再将剩余钢片和摩擦片装入壳体；最后安装离合器摩擦片支架到壳体中，并使用弹性挡圈固定。

5. 离合器 K2 和 K3 的组装

依次将离合器 K2 和 K3 的摩擦片和钢片装入离合器壳体中，并用弹性挡圈固定，注意安装顺序；使用压床及专用工具将离合器 K1 和 K3 重新装在一起。

6. 自动变速器的组装

安装行星架及推力轴承到自动变速器内部；依次装入制动器 B1 的钢片和摩擦片，然后装入制动器 B1 的碟形弹簧；使用专用工具装入单向离合器，并用弹性挡圈固定；安装隔离管弹性挡圈，并安装大太阳轮和小太阳轮输入轴；使用固定螺栓固定小太阳轮输入轴；安装离合器 K1 和 K3 到自动变速器内；安装离合器 K2 和制动器 B2 到自动变速器内；最后安装自动变速器油泵并固定。

二、任务准备

在下列图片中勾选出完成本任务所需的工具、设备、资料等。

扭力扳手	塞尺	三件套	压床
旋具套装	工具车	工具套件	游标卡尺

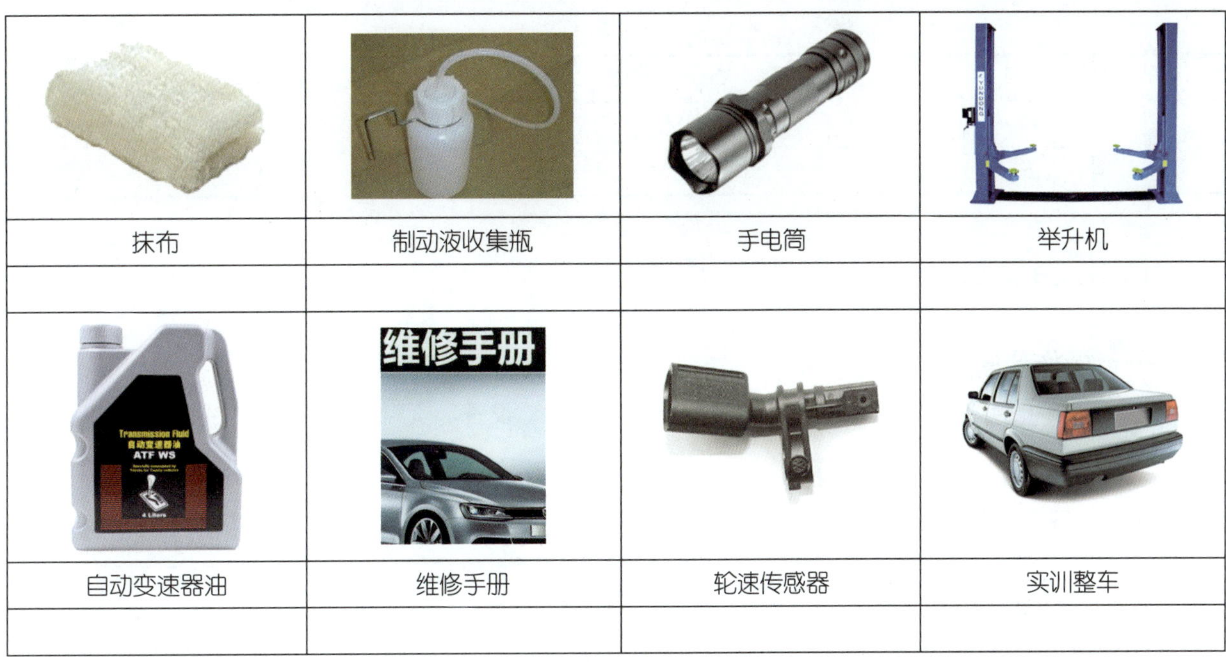

抹布	制动液收集瓶	手电筒	举升机
自动变速器油	维修手册	轮速传感器	实训整车

三、防护措施

1. 进入车间应穿工鞋、戴工帽；工作服应穿戴整齐；操作时不可佩戴手表等金属饰品，以防划伤车辆表面。

2. 举升车辆时应严格按照举升机使用方法进行操作，并通知其他人员远离举升设备。

3. 更换油液或配件时应做好油液和配件的回收清理工作，以免对工作环境造成污染。

识别下列三幅车间操作图片，勾选出操作正确的图片。

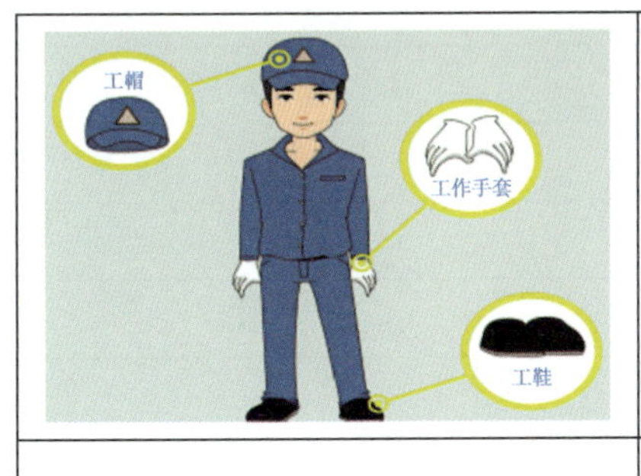	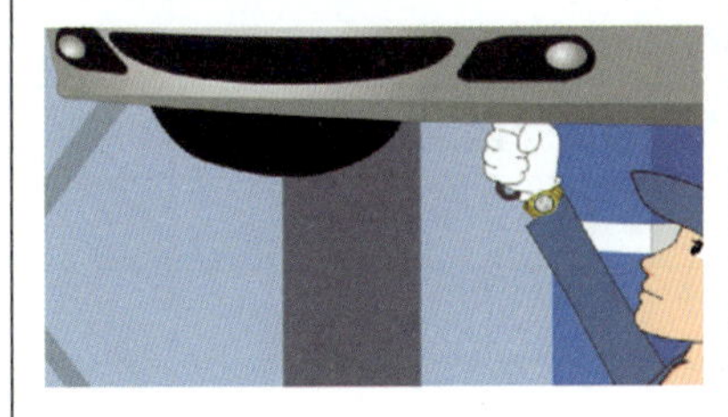	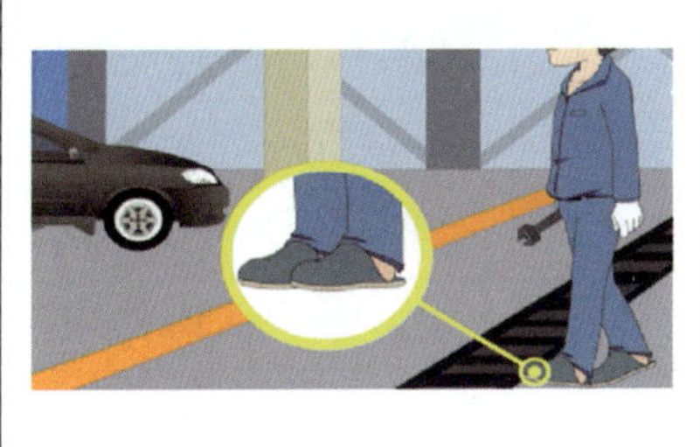

四、任务分配（见表 4-3）

表 4-3 任务分配表

职务	代码	姓名	工作内容
组长	A		
组员	B		
	C		

续表

职务	代码	姓名	工作内容
组员	D		
	E		

五、任务实施

（一）操作步骤

将表 4-4 中的工作内容进行排序，并填写所需的工具、设备、资料以及相关的注意事项。

表 4-4　操作步骤

步骤	工作内容	工具、设备、资料	注意事项
	安装车辆防护工具		
	拆卸附件及油泵		
3	查阅相关维修资料，从整车上找到自动变速器的位置		
	拆卸输入轴总成，按顺序取下制动器 B2 的钢片及摩擦片，取下隔离管和离合器 K2		
	拆卸小输入轴、小太阳轮输入轴及大太阳轮，取出单向离合器、制动器 B1 及行星架		
	拆卸阀体		
7	检查制动器 B2		
8	分解检查离合器 K2		
9	分解检查离合器 K1 和 K3		
	检查小太阳轮输入轴、小输入轴及大太阳轮		
	分解检查单向离合器、制动器 B1 及行星架		
	组装自动变速器传动系统		
	组装离合器 K1、K2 和 K3		
	组装自动变速器		
	整理工具，打扫场地卫生		

（二）实施记录

结合任务实施过程，对照表 4-5 中的检查项目，勾选或填写出实际的检查结果。

表 4-5　实施记录

序号	项目	检查结果	备注
1	安装车辆防护工具	完成 □　未完成 □	
2	自动变速器的分解	完成 □　未完成 □	

续表

序号	项目		检查结果	备注
3	制动器 B2	检查钢片	断裂 □ 点蚀 □ 变形 □	正常： 更换：
		检查摩擦片	点蚀 □ 烧蚀 □ 断齿 □ 脱落 □	
		检查波形弹片	变形 □ 断裂 □	
		检查弹簧	变形 □ 断裂 □ 弹性不足 □	
		检查弹簧帽	有变形 □ 无变形 □	
4	离合器 K2	检查钢片	断裂 □ 点蚀 □ 变形 □	正常： 更换：
		检查摩擦片	点蚀 □ 烧蚀 □ 断齿 □ 脱落 □	
		检查波形弹片	变形 □ 断裂 □	
		检查弹簧	变形 □ 断裂 □ 弹性不足 □	
		离合器毂	变形 □ 过度磨损 □	
5	离合器 K1	检查钢片	断裂 □ 点蚀 □ 变形 □	正常： 更换：
		检查摩擦片	点蚀 □ 烧蚀 □ 断齿 □ 脱落 □	
		检查波形弹片	变形 □ 断裂 □	
		检查弹簧	变形 □ 断裂 □ 弹性不足 □	
		离合器毂	变形 □ 过度磨损 □	
		内外支架	变形 □ 断裂 □	
		支撑环	变形 □ 断裂 □	
6	离合器 K3	检查钢片	断裂 □ 点蚀 □ 变形 □	正常： 更换：
		检查摩擦片	点蚀 □ 烧蚀 □ 断齿 □ 脱落 □	
		检查波形弹片	变形 □ 断裂 □	
		检查弹簧	变形 □ 断裂 □ 弹性不足 □	
7	小输入轴、小太阳轮输入轴及大太阳轮	小输入轴	过度磨损 □ 花键缺齿 □ 断齿 □	正常： 更换：
		小太阳轮输入轴	过度磨损 □ 花键缺齿 □ 断齿 □	
		大太阳轮	过度磨损 □ 花键缺齿 □ 断齿 □	
		滚柱轴承及推力滚针轴承	损坏 □ 破碎 □	
8	单向离合器	支架	有断裂 □ 无断裂 □	正常： 更换：
		滚柱	缺失 □ 过度磨损 □	
		弹簧回位	正常 □ 不正常 □	
9	制动器 B1	检查钢片	断裂 □ 点蚀 □ 变形 □	正常： 更换：
		检查摩擦片	点蚀 □ 烧蚀 □ 断齿 □ 脱落 □	
		检查波形弹片	变形 □ 断裂 □	
10	行星架	齿轮架齿轮	缺齿 □ 断齿 □ 碎裂 □	正常： 更换：
		单向离合器接触面	烧蚀 □ 过度磨损 □	
		推力滚针轴承	损坏 □ 破碎 □	
11	自动变速器组装		完成 □ 未完成 □	
12	整理工具，打扫场地卫生		完成 □ 未完成 □	

六、检查

（一）自检

结合本组任务操作过程，对任务执行过程中的操作规范性进行检查，如果存在问题，分析讨论应如何避免，并总结规范的操作方法（见表 4-6）。

表 4-6 自检

检查项目	结果
车辆停放位置是否合适，是否将自动变速器置于 P 挡并拉紧驻车制动器	
是否使用三件套对车辆进行防护	
是否按规范操作举升机，是否注意人身安全	
自动变速器传动系统检测项目是否有漏项	
系统故障是否排除	
工作场地是否清洁，车辆是否复位	

（二）互检

组与组之间相互进行任务操作过程及结果检查，并把检查结果填写在表 4-7 中。

表 4-7 互检

检查项目	结果
车辆停放位置是否合适，是否将自动变速器置于 P 挡并拉紧驻车制动器	
是否使用三件套对车辆进行防护	
是否按规范操作举升机，是否注意人身安全	
自动变速器传动系统检测项目是否有漏项	
系统故障是否排除	
工作场地是否清洁，车辆是否复位	

七、课堂小结

情境二

自动变速器部件测量与装配

任务五　自动变速器的测量与组装（一）

汽车自动变速器故障诊断与维修任务工单——检查、装调挡位离合器					
客户信息	姓名		职业		
车辆信息	车型		VIN 码		行驶里程
客户描述	制动液液位偏低 □　制动器失灵 □　ABS 故障灯常亮 □　制动灯常亮 □ 轮速传感器无反馈信号 □　ABS 总泵不工作 □　车辆制动时有异响 □　自动变速器未保养 □ 自动变速器油液变质 □　自动变速器工作有异响 □　自动变速器跳挡 □　自动变速器挡位紊乱 □ 其他：				
车辆外观检查			车辆内部检查		
凹凸 □			污渍 □		
划痕 □			破损 □		
石击 □			色斑 □		
油漆 □			变形 □		
明确具体工作任务					

任务目标

- 掌握自动变速器的测量与调整方法
- 能够进行行星架轴向间隙、离合器 K1 和 K2 之间间隙的调整
- 能够进行倒挡制动器 B1、制动器 B2 的检查与调整

任务内容

- 自动变速器的测量与调整
- 行星架轴向间隙的检查与调整
- 倒挡制动器 B1 的检查与调整
- 离合器 K1 和 K2 之间间隙的调整
- 制动器 B2 的检查与调整
- 离合器的组装

续表

 任务重点	● 行星架轴向间隙的检查与调整 ● 倒挡制动器 B1 的检查与调整 ● 离合器 K1 和 K2 之间间隙的调整 ● 制动器 B2 的检查与调整
 任务难点	● 行星架轴向间隙的检查与调整 ● 倒挡制动器 B1 的检查与调整 ● 离合器 K1 和 K2 之间间隙的调整 ● 制动器 B2 的检查与调整

一、知识讲解

（一）自动变速器的测量与调整

由于长时间使用，自动变速器各摩擦间隙会因磨损而加大，从而导致其在工作中产生冲击异响或执行元件接合不良等现象，因此，在组装自动变速器之前，应先对这些可能会因磨损而导致间隙变大的地方进行调整。

自动变速器检查和调整的主要参数包括倒挡制动器 B1 的接合间隙、2/4 挡制动器 B2 的接合间隙、行星架轴向间隙以及离合器 K1 与 K2 之间的轴向间隙。

（二）行星架轴向间隙的检查与调整

将行星架装入自动变速器内部，并安装大太阳轮与小太阳轮输入轴；将不带调整垫片的小输入轴固定螺栓和垫圈拧到小输入轴上，并使用 30 N · m 的力矩拧紧；安装百分表到专用测量工具上，并以 1 mm 压缩量将百分表装到螺栓头中间，然后将百分表置零；上下移动小输入轴并读取测量值，然后根据测量值，查阅相关技术手册，确定所需安装的调整垫片厚度。

（三）倒挡制动器 B1 的检查与调整

1. 确定“I”值。将制动器 B1 的活塞倒置在工作台上，使用游标深度卡尺和导板测量活塞内棱与制动器活塞外壳之间的高度差。

2. 确定“m”值。将不带最下端调整垫圈的制动器 B1 的所有摩擦片和钢片水平放置到工作台上，使用游标深度卡尺和导板测量其厚度。

3. 根据公式“$x=k+0.5\times I-m$”计算出“x”值的大小。式中“k”为固定值，取 26.8 mm，x 为间隙尺寸。

4. 根据“x”值，查阅相关技术手册，确定调整垫片的厚度。

5. 装复行星架与制动器 B1，并使用塞尺检查其间隙是否符合标准。制动器 B1 的接合间隙：捷达轿车为 1.2 ~ 1.8 mm，宝来轿车为 1.25 ~ 1.55 mm。

具体如图 5–1 所示。

（四）离合器 K1 和 K2 之间间隙的调整

1. 使用游标深度卡尺和导板测量“a”值。

2. 使用游标深度卡尺和导板测量“b”值。

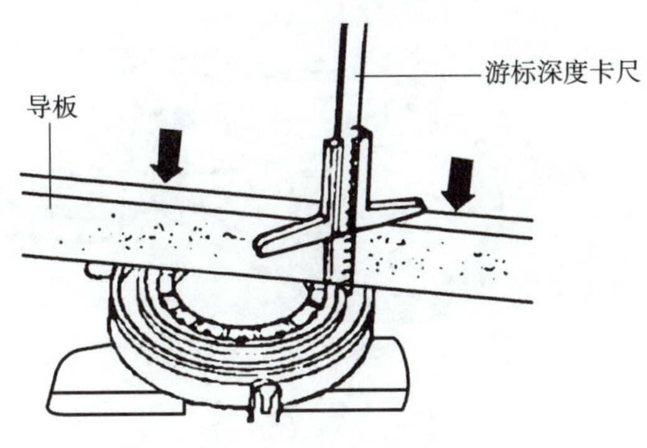

确定“I”值

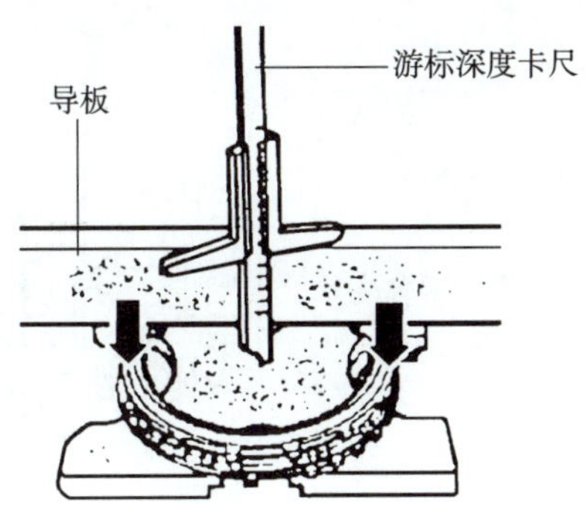

确定“m”值

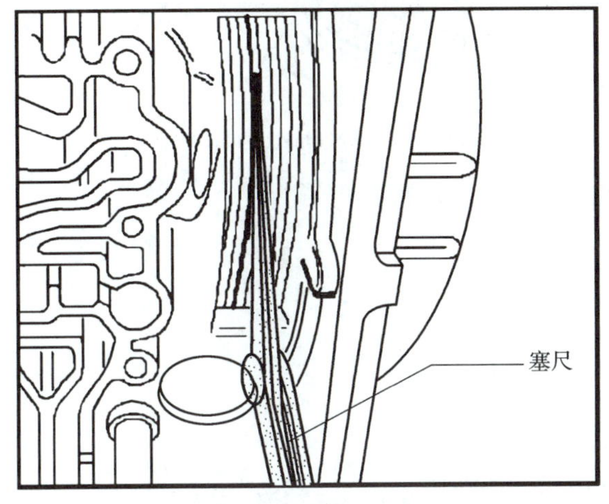

使用塞尺检查制动器B1的接合间隙

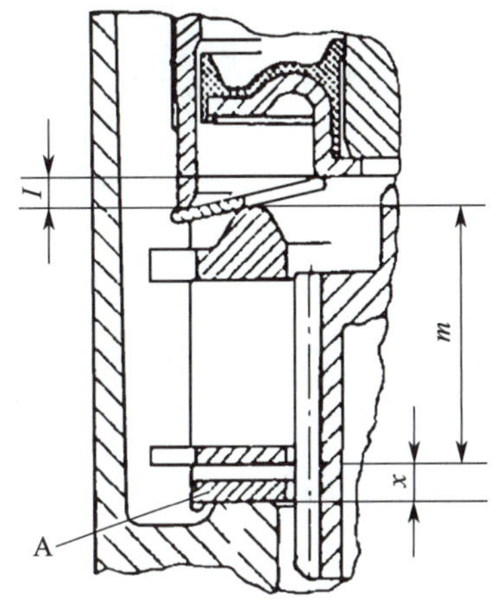

调整垫片厚度检查原理图

A—调整垫片 x—间隙尺寸 I—单向离合器活塞内棱与外壳之间的高度差 m—带压片的片组厚度

图 5-1 倒挡制动器 B1 的检查与调整

3. 通过公式“$x=a-b$”计算出间隙“x”值。

4. 根据“x”值，查阅相关技术手册，确定调整垫片的厚度。

5. 测量完毕，装入油泵，使用百分表检查间隙是否符合标准，标准值应为 0.5 ~ 1.2 mm。具体如图 5-2 所示。

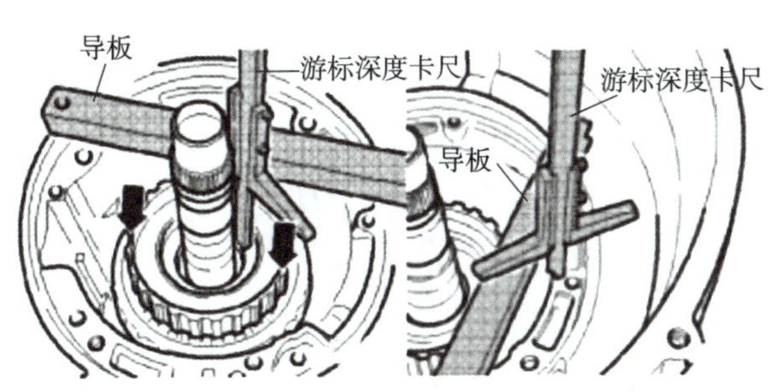

测量“a”值

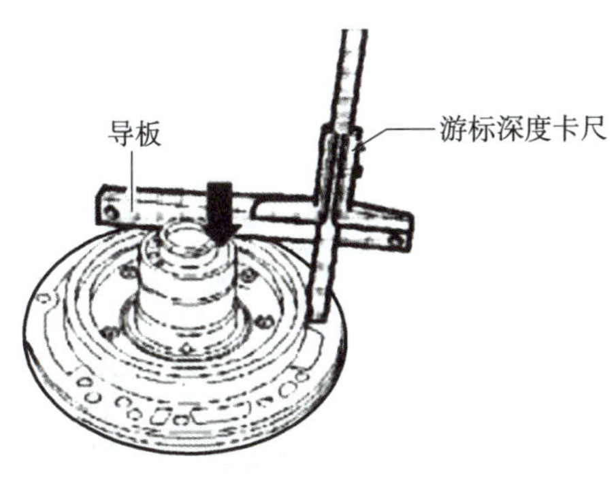

测量“b”值

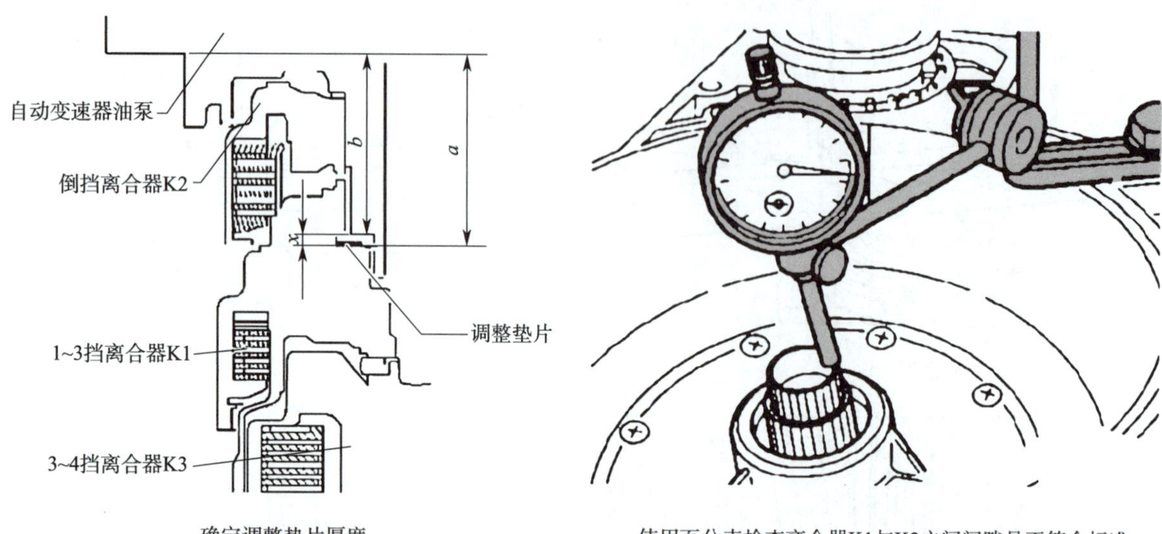

图 5-2　离合器 K1 和 K2 之间间隙的调整

（五）制动器 B2 的检查与调整

1. 使用专用工具和游标深度卡尺测量“*a*”值。

2. 使用导板和游标深度卡尺测量“*b*”值。

3. 确定 *x* 值。宝来轿车 $x=a-b-2.65$ mm，捷达轿车 $x=a-b-3.2$ mm。

4. 根据“*x*”值，查阅相关技术手册，确定调整垫片的厚度。注意，第一个外片（箭头所示）和最后一个外片（调整时不安装）的厚度必须是 3 mm。

具体如图 5-3 所示。

（六）离合器和自动变速器的组装

1. 离合器 K1 的组装

将新的离合器摩擦片放入自动变速器油中浸泡 15 min 以上；将离合器摩擦片支架倒放在工作台上，先安装压盘，再安装 3 个摩擦片和 2 个钢片；将止推轴承装到摩擦片支架上；将波形弹片装入离合器 K1 的壳体中，然后装入 2 mm 厚的钢片，再将剩余钢片和摩擦片装入壳体；最后将离合器摩擦片支架装到壳体中，并使用弹性挡圈进行固定。

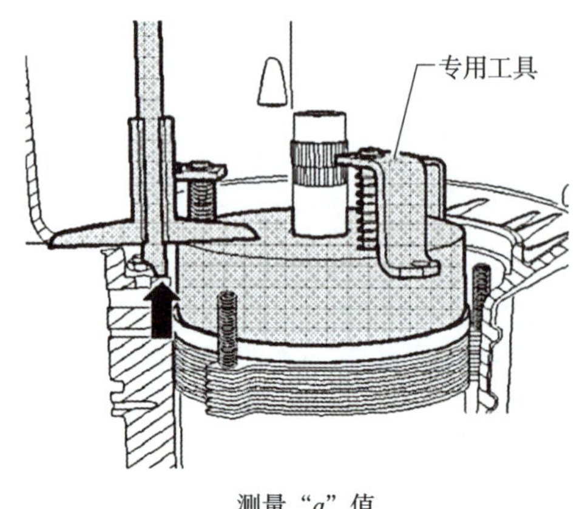

测量“*a*”值

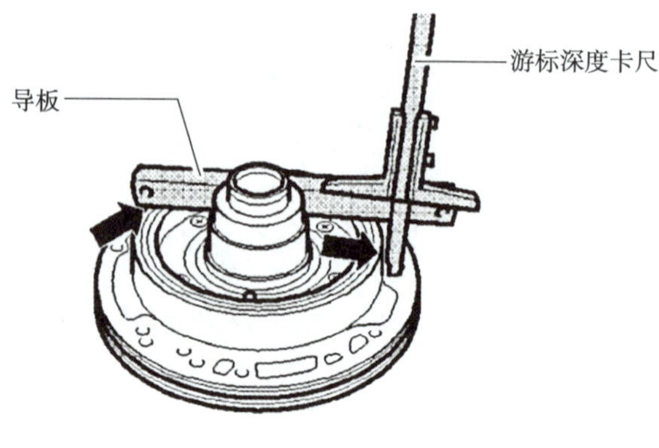

测量“*b*”值

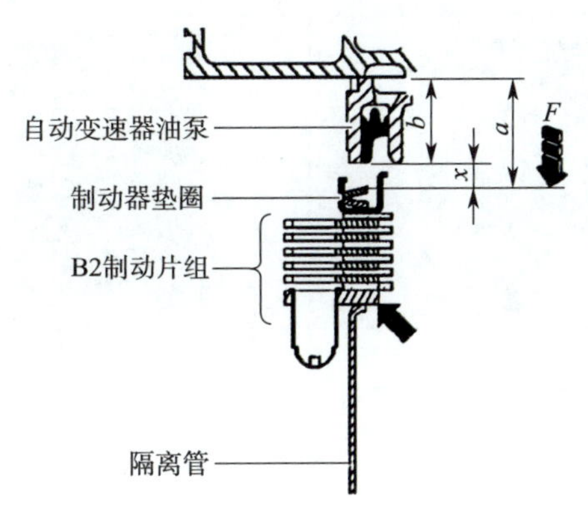

图 5-3　制动器 B2 的检查与调整

2. 离合器 K2 和 K3 的组装

将离合器 K2 和 K3 的摩擦片与钢片装入离合器壳体中，并用弹性挡圈固定，注意安装顺序；使用压床及专用工具将离合器 K1 和 K3 重新装在一起。

3. 自动变速器的组装

（1）安装行星架及推力轴承到自动变速器内部。

（2）依次装入制动器 B2 的钢片和摩擦片，然后装入制动器 B2 的碟形弹簧。

（3）使用专用工具装入单向离合器，并用弹性挡圈固定。

（4）安装隔离管弹性挡圈，并安装大太阳轮和小太阳轮输入轴，使用固定螺栓固定小太阳轮输入轴。

（5）安装离合器 K1、K3 到变速器内。

（6）安装离合器 K2 和制动器 B1 到变速器内。

（7）安装自动变速器油泵并固定。

二、任务准备

在下列图片中勾选出完成本任务所需的工具、设备、资料等。

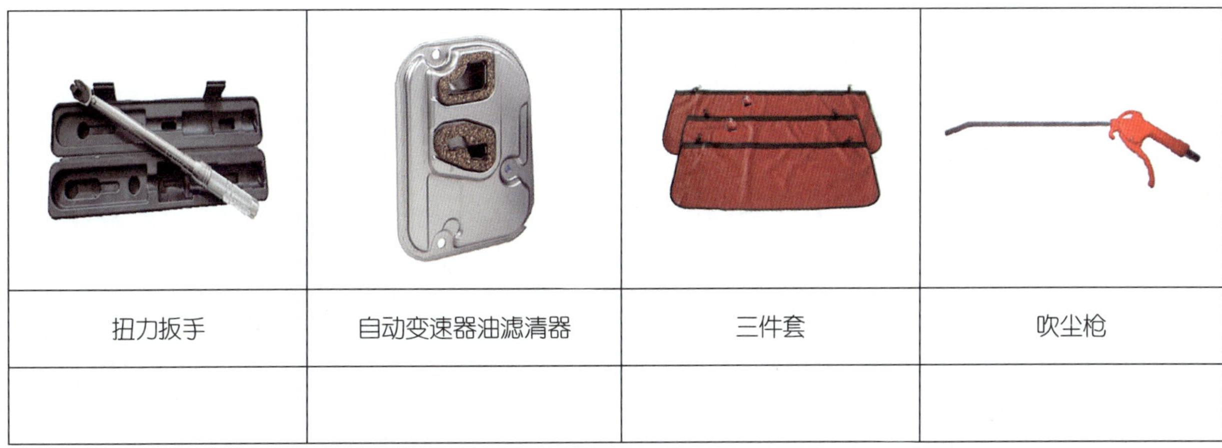

扭力扳手	自动变速器油滤清器	三件套	吹尘枪

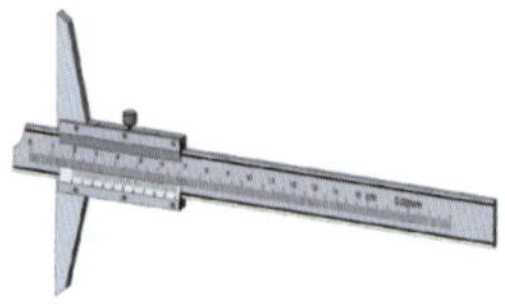 游标深度卡尺	 工具车	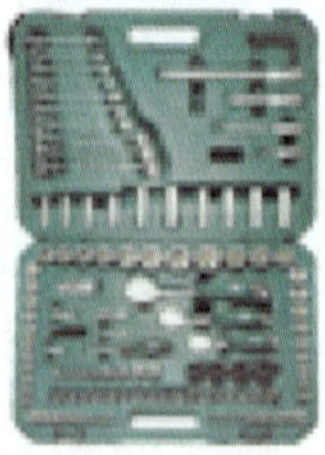 工具套件	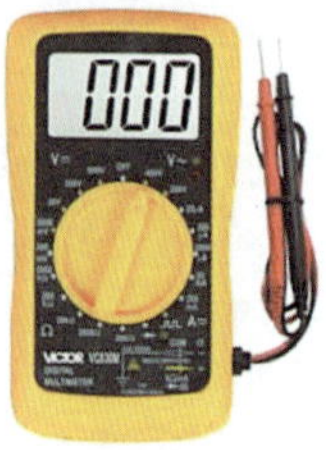 万用表
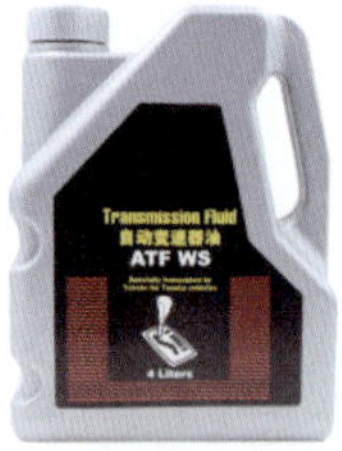			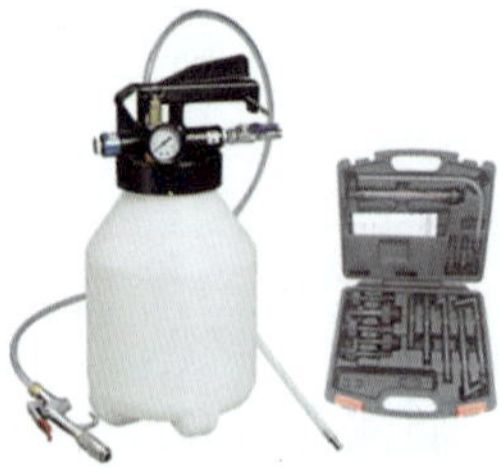
自动变速器油	抹布	塞尺	自动变速器油加注机

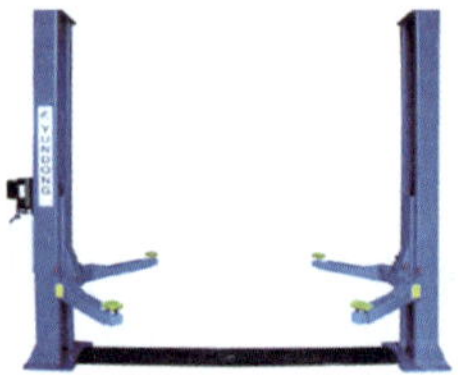 举升机	 转向助力油	 维修手册	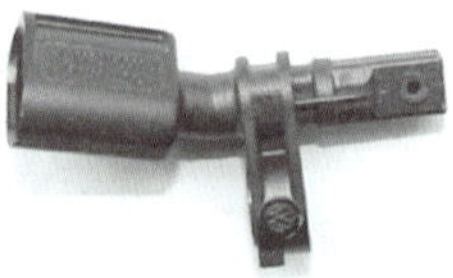 轮速传感器	 实训整车

三、防护措施

1. 进入车间应穿工鞋、戴工帽；工作服应穿戴整齐；操作时不可佩戴手表等金属饰品，以防划伤车辆表面。

2. 举升车辆时应严格按照举升机使用方法进行操作，并通知其他人员远离举升设备。

3. 更换油液或配件时应做好油液和配件的回收清理工作，以免对工作环境造成污染。

识别下列三幅车间操作图片，勾选出操作正确的图片。

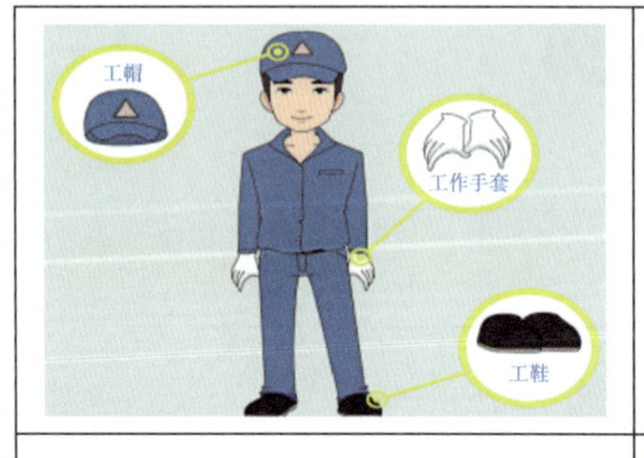		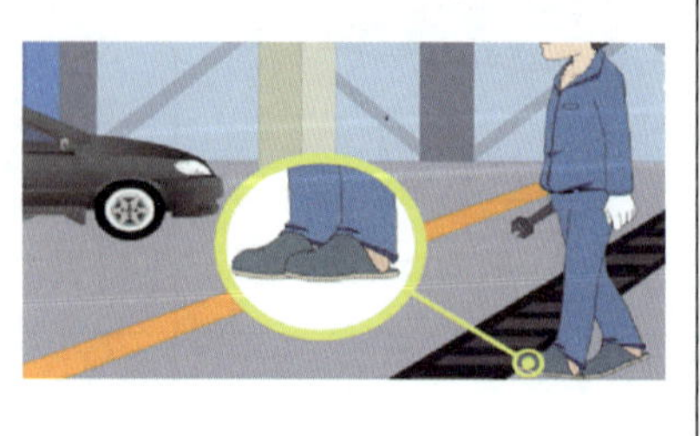

四、任务分配（见表 5-1）

表 5-1 任务分配表

职务	代码	姓名	工作内容
组长	A		
组员	B		
	C		
	D		
	E		

五、任务实施

（一）操作步骤

将表 5-2 中的工作内容进行排序，并填写所需的工具、设备、资料以及相关的注意事项。

表 5-2 操作步骤

步骤	工作内容	工具、设备、资料	注意事项
	安装车辆防护工具		
	查阅相关维修资料，从整车上找到自动变速器的位置		
	安装大太阳轮、小太阳轮输入轴及小输入轴，安装后壳固定螺栓		
	安装制动器 B1、行星架及单向离合器，并测量制动器 B1 的间隙		
5	测量离合器 K3 的间隙		
6	测量离合器 K1 的间隙		
	组装并安装离合器 K1		
	安装离合器 K3		
	组装并测量离合器 K2		
10	安装离合器 K2、制动器 B2 的隔离管，测量制动器 B2 的间隙，安装制动器 B2 的钢片和摩擦片		
11	安装自动变速器油泵		
12	测量输入轴轴向间隙		
13	安装阀体		
14	整理工具，打扫场地卫生		

（二）实施记录

结合任务实施过程，对照表 5-3 中的检查项目，填写出实际的检查结果。

表 5-3　实施记录

序号	项目	测量值	标准值	处理方式
1	测量制动器 B1 的间隙		间隙最小值为 1.25 mm，最大值为 1.55 mm	
2	测量离合器 K3 的间隙		间隙最小值为 0.5 mm，最大值为 1.2 mm	
3	测量离合器 K1 的间隙		间隙最小值为 0.5 mm，最大值为 1.2 mm	
4	测量离合器 K2 的间隙		间隙最小值为 0.5 mm，最大值为 1.2 mm	
5	测量制动器 B2 的间隙		间隙范围：0.8～1.2 mm	
6	测量输入轴轴向间隙		间隙范围：0.5～1.2 mm	

六、检查

（一）自检

结合本组任务操作过程，对任务执行过程中的操作规范性进行检查，如果存在问题，分析讨论应如何避免，并总结规范的操作方法（见表 5-4）。

表 5-4　自检

检查项目	结果
车辆停放位置是否合适，是否将自动变速器置于 P 挡并拉紧驻车制动器	
是否使用三件套对车辆进行防护	
是否按规范操作举升机，是否注意人身安全	
自动变速器测量与组装步骤是否有遗漏	
系统故障是否排除	
工作场地是否清洁，车辆是否复位	

（二）互检

组与组之间相互进行任务操作过程及结果检查，并把检查结果填写在表 5-5 中。

表 5-5　互检

检查项目	结果
车辆停放位置是否合适，是否将自动变速器置于 P 挡并拉紧驻车制动器	
是否使用三件套对车辆进行防护	
是否按规范操作举升机，是否注意人身安全	
自动变速器测量与组装步骤是否有遗漏	
系统故障是否排除	
工作场地是否清洁，车辆是否复位	

七、课堂小结

任务六　自动变速器的测量与组装（二）

汽车自动变速器故障诊断与维修任务工单——检查、装调挡位制动器							
客户信息	姓名			职业			
车辆信息	车型		VIN 码		行驶里程		
客户描述	制动液液位偏低 □	制动器失灵 □	ABS 故障灯常亮 □	制动灯常亮 □			
	轮速传感器无反馈信号 □	ABS 总泵不工作 □	车辆制动时有异响 □	自动变速器未保养 □			
	自动变速器油液变质 □	自动变速器工作有异响 □	自动变速器跳挡 □	自动变速器挡位紊乱 □			
	其他：						
车辆外观检查				车辆内部检查			
凹凸 □				污渍 □			
划痕 □				破损 □			
石击 □				色斑 □			
油漆 □				变形 □			
明确具体工作任务							
任务目标	● 掌握自动变速器的测量与调整方法 ● 能够进行行星架轴向间隙、离合器 K1 和 K2 之间间隙的调整 ● 能够进行倒挡制动器 B1、制动器 B2 的检查与调整						
任务内容	● 自动变速器的测量与调整 ● 行星架轴向间隙的检查与调整 ● 倒挡制动器 B1 的检查与调整 ● 离合器 K1 和 K2 之间间隙的调整 ● 制动器 B2 的检查与调整 ● 离合器的组装						

续表

	● 行星架轴向间隙的检查与调整 ● 倒挡制动器 B1 的检查与调整 ● 离合器 K1 和 K2 之间间隙的调整 ● 制动器 B2 的检查与调整
	● 行星架轴向间隙的检查与调整 ● 倒挡制动器 B1 的检查与调整 ● 离合器 K1 和 K2 之间间隙的调整 ● 制动器 B2 的检查与调整

一、任务准备

在下列图片中勾选出完成本任务所需的工具、设备、资料等。

扭力扳手	自动变速器油滤清器	三件套	吹尘枪
游标深度卡尺	工具车	工具套件	万用表
自动变速器油	抹布	塞尺	自动变速器油加注机

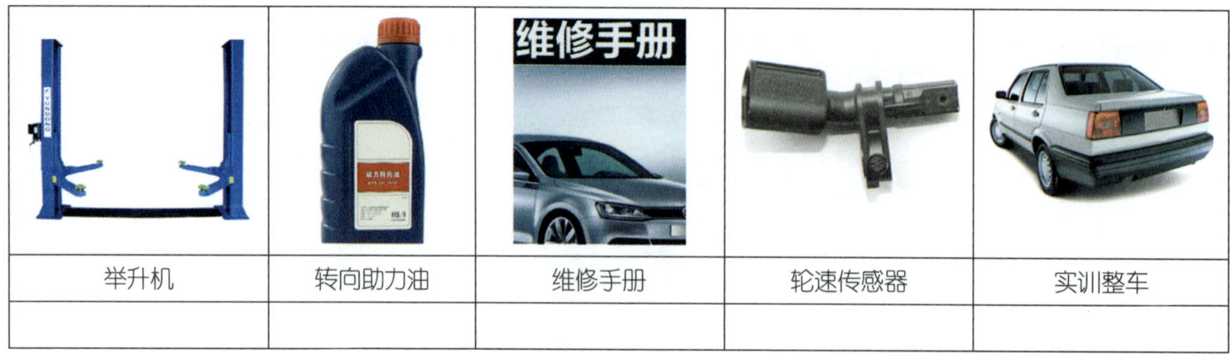

举升机	转向助力油	维修手册	轮速传感器	实训整车

二、防护措施

1. 进入车间应穿工鞋、戴工帽；工作服应穿戴整齐；操作时不可佩戴手表等金属饰品，以防划伤车辆表面。

2. 举升车辆时应严格按照举升机使用方法进行操作，并通知其他人员远离举升设备。

3. 更换油液或配件时应做好油液和配件的回收清理工作，以免对工作环境造成污染。

识别下列三幅车间操作图片，勾选出操作正确的图片。

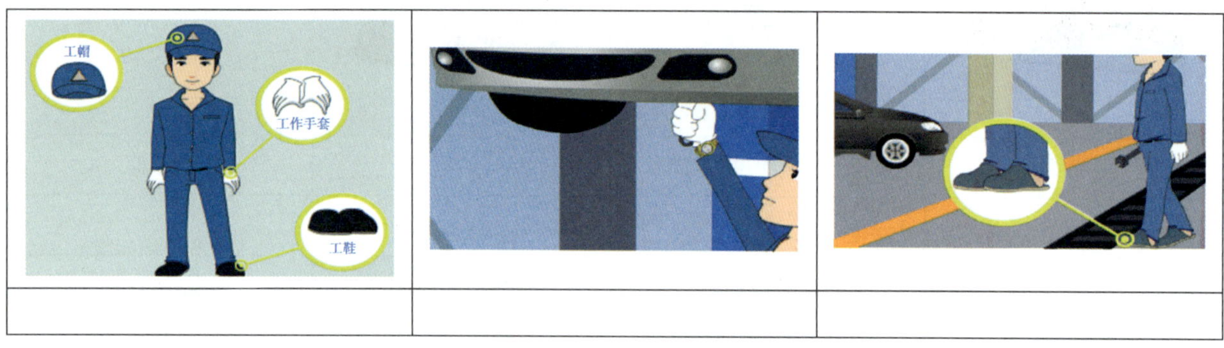

三、任务分配（见表 6-1）

表 6-1　任务分配表

职务	代码	姓名	工作内容
组长	A		
组员	B		
	C		
	D		
	E		

四、任务实施

（一）操作步骤

将表 6-2 中的工作内容进行排序，并填写所需的工具、设备、资料以及相关的注意事项。

表 6-2 操作步骤

步骤	工作内容	工具、设备、资料	注意事项
	安装车辆防护工具		
	查阅相关维修资料，从整车上找到自动变速器的位置		
	安装大太阳轮、小太阳轮输入轴及小输入轴，安装后壳固定螺栓		
	安装制动器 B1、行星架及单向离合器，并测量制动器 B1 的间隙		
5	测量离合器 K3 的间隙		
6	测量离合器 K1 的间隙		
	组装并安装离合器 K1		
	安装离合器 K3		
	组装并测量离合器 K2		
10	安装离合器 K2、制动器 B2 的隔离管，测量制动器 B2 的间隙，安装制动器 B2 的钢片和摩擦片		
11	安装自动变速器油泵		
12	测量输入轴轴向间隙		
13	安装阀体		
14	整理工具，打扫场地卫生		

（二）实施记录

结合任务实施过程，对照表 6-3 中的检查项目，填写出实际的检查结果。

表 6-3 实施记录

序号	项目	测量值	标准值	处理方式
1	测量制动器 B1 的间隙		间隙最小值为 1.25 mm，最大值为 1.55 mm	
2	测量离合器 K3 的间隙		间隙最小值为 0.5 mm，最大值为 1.2 mm	
3	测量离合器 K1 的间隙		间隙最小值为 0.5 mm，最大值为 1.2 mm	
4	测量离合器 K2 的间隙		间隙最小值为 0.5 mm，最大值为 1.2 mm	
5	测量制动器 B2 的间隙		间隙范围：0.8 ~ 1.2 mm	
6	测量输入轴轴向间隙		间隙范围：0.5 ~ 1.2 mm	

五、检查

（一）自检

结合本组任务操作过程，对任务执行过程中的操作规范性进行检查，检查操作过程中是否存在以下问题，分析讨论应如何避免并总结规范的操作方法（见表 6–4）。

表 6-4　自检

检查项目	结果
车辆停放位置是否合适，是否将自动变速器置于 P 挡并拉紧驻车制动器	
是否使用三件套对车辆进行防护	
是否按规范操作举升机，是否注意人身安全	
自动变速器测量与组装步骤是否有遗漏	
系统故障是否排除	
工作场地是否清洁，车辆是否复位	

（二）互检

组与组之间相互进行任务操作过程及结果检查，并把检查结果填写在表 6–5 中。

表 6-5　互检

检查项目	结果
车辆停放位置是否合适，是否将自动变速器置于 P 挡并拉紧驻车制动器	
是否使用三件套对车辆进行防护	
是否按规范操作举升机，是否注意人身安全	
自动变速器测量与组装步骤是否有遗漏	
系统故障是否排除	
工作场地是否清洁，车辆是否复位	

六、课堂小结

任务七　自动变速器大修工艺及流程（一）

汽车自动变速器故障诊断与维修任务工单——自动变速器拆解与检查						
客户信息	姓名		职业			
车辆信息	车型		VIN 码		行驶里程	
客户描述	制动液液位偏低 □ 制动器失灵 □ ABS 故障灯常亮 □ 制动灯常亮 □ 轮速传感器无反馈信号 □ ABS 总泵不工作 □ 车辆制动时有异响 □ 自动变速器未保养 □ 自动变速器油液变质 □ 自动变速器工作有异响 □ 自动变速器跳挡 □ 自动变速器挡位紊乱 □ 其他：					
车辆外观检查			车辆内部检查			
凹凸 □			污渍 □			
划痕 □			破损 □			
石击 □			色斑 □			
油漆 □			变形 □			
明确具体工作任务						

任务目标

- 掌握自动变速器拆解及组装的注意事项
- 能够进行自动变速器的拆解及组装

任务内容

- 自动变速器的拆解及其注意事项
- 自动变速器组装的注意事项

续表

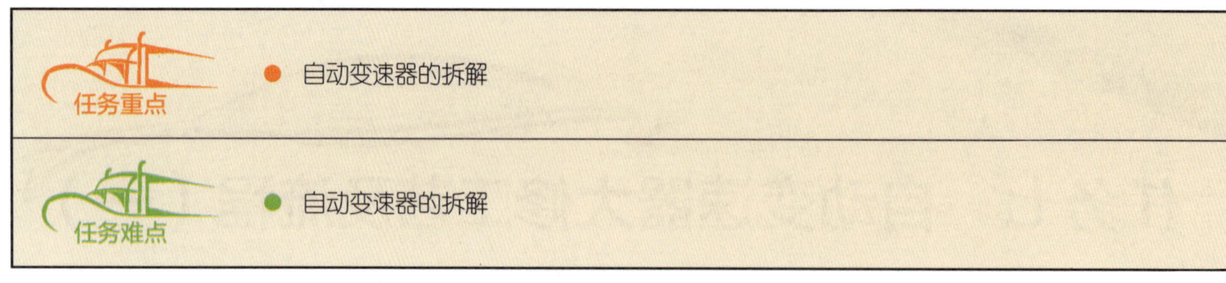

一、知识讲解

（一）自动变速器的拆解

1. 将自动变速器从车上拆下后，使用螺栓将其固定到自动变速器旋转台架上。

2. 拆下自动变速器壳体上带密封垫的端盖。

3. 依次拆下油底壳、自动变速器油滤网以及带传输线的滑阀箱。

4. 拔下制动器 B1 的密封圈。

5. 拆下自动变速器油泵螺栓，将 M8 螺栓拧入油泵螺栓孔内，使自动变速器油泵从壳体中压出。

6. 将带有隔离管、制动器片、弹簧和弹簧盖的所有离合器拔出。

7. 将旋具插入大太阳轮的孔内，卡住大太阳轮，拆下小输入轴上的固定螺栓和垫圈。

8. 拔出小输入轴和大太阳轮。

9. 拆卸自动变速器轮速传感器 G38，拆下隔离管弹性挡圈和单向离合器弹性挡圈，用尖嘴钳将单向离合器拔出。

10. 拔出带碟形弹簧的行星架，拆下倒挡制动器 B1 的摩擦片和钢片。

（二）自动变速器拆解的注意事项

1. 拆卸下来的零部件必须按顺序摆放，不可乱扔乱放。

2. 拆卸制动器时应注意每组制动片的安装顺序和方向。

3. 拆卸小输入轴固定螺栓时，必须将自动变速器置于 P 挡。

4. 拆卸单向离合器时，必须先拆卸自动变速器轮速传感器 G38。

（三）自动变速器组装的注意事项

1. 安装时应注意各零部件的安装顺序，不可漏装、错装和反装。

2. 离合器和制动器更换新的摩擦片时，应将新摩擦片放入自动变速器油中浸泡 15 min 以上才能装入。

3. 对于需更换的制动器或离合器摩擦片，应按照原数量进行安装。

4. 更换行星架、自动变速器壳体后，必须对行星架和制动器 B1 的接合间隙重新进行调整。

5. 更换油泵、自动变速器壳体、离合器 K1 和 K2 后，必须对离合器 K1、K2 之间间隙重新进行调整。

6. 安装自动变速器时必须更换所有橡胶密封圈。

7. 安装离合器、制动器压盘时，必须注意其安装方向。

二、任务准备

在下列图片中勾选出完成本任务所需的工具、设备、资料等。

工作台	接油盆	三件套	吹尘枪
旋具套装	工具车	工具套件	尖嘴钳
毛刷	抹布	压床	举升机
自动变速器油	维修手册	轮速传感器	实训整车

三、防护措施

1. 进入车间应穿工鞋、戴工帽；工作服应穿戴整齐；操作时不可佩戴手表等金属饰品，以防划伤车辆表面。

2. 举升车辆时应严格按照举升机使用方法进行操作，并通知其他人员远离举升设备。

3. 更换油液或配件时应做好油液和配件的回收清理工作，以免对工作环境造成污染。

识别下列三幅车间操作图片，勾选出操作正确的图片。

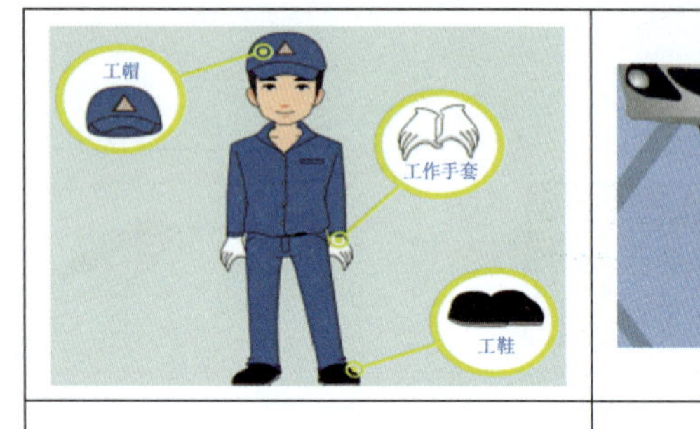		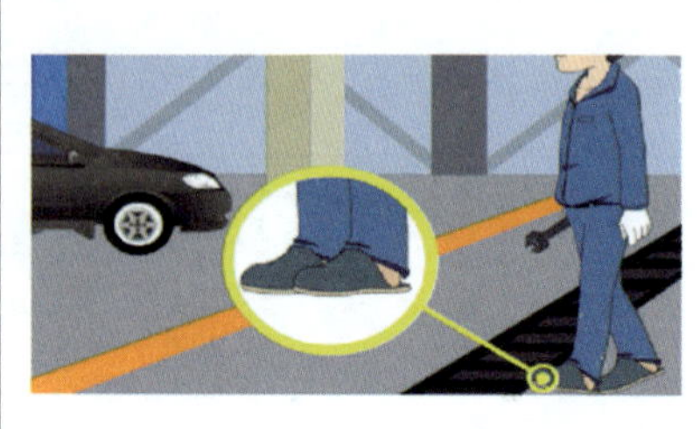

四、任务分配（见表 7-1）

表 7-1　任务分配表

职务	代码	姓名	工作内容
组长	A		
组员	B		
	C		
	D		
	E		

五、任务实施

（一）操作步骤

将表 7-2 中的工作内容进行排序，并填写所需的工具、设备、资料以及相关的注意事项。

表 7-2　操作步骤

步骤	工作内容	工具、设备、资料	注意事项
	安装车辆防护工具		
	查阅相关维修资料，分析故障位置		
	组装并测量自动变速器		
	检查并清洗自动变速器		
	分解自动变速器		
	整理工具，打扫场地卫生		

（二）实施记录

结合任务实施过程，对照表 7-3 ~ 表 7-5 中的检查项目，勾选或填写出实际的检查结果。

表 7-3 实施记录 1

序号	项目	检查结果或工具	备注
1	安装车辆防护工具	完成 □ 未完成 □	
2	检测自动变速器外壳	裂缝 □ 变形 □ 漏油 □	
3	检查自动变速器油液面高度	正常 □ 不正常 □	
4	拆装加油口螺栓	工具型号：______	紧固至 15 N · m
5	拆装观察孔螺栓	工具型号：______内六角扳手	
6	拆装油底壳螺栓	工具型号：______套筒	8 个螺栓
7	拆装自动变速器滤清器	工具型号：______套筒	紧固至 11 N · m
8	检查活塞内外唇口	破损 □ 开裂 □ 划伤 □ 橡胶老化 □	
9	检查轴及轴套	点蚀 □ 划伤 □ 偏磨 □	
10	检查油泵止推垫片	烧蚀 □ 变形 □ 过度磨损 □	
11	检查油泵上的活塞环	磨损 □ 断裂 □ 变形 □	
12	检查油泵密封圈	破损 □ 断裂 □ 橡胶老化 □	
13	测量齿轮端面间隙		
14	测量壳体间隙		
15	测量齿顶间隙		
16	拆装油泵固定螺栓	工具： 扭矩：	7 个油泵固定螺栓
17	拆装油泵壳体固定螺栓	工具： 扭矩：	5 个油泵导轮支架固定螺栓
18	滑阀箱是否清洁干净	干净 □ 不干净 □	
19	滑阀箱安装位置	正常 □ 不正常 □	
20	电磁阀阀芯自由滑落情况	正常 □ 不正常 □	
21	组装自动变速器	完成 □ 未完成 □	
22	整理工具，打扫场地卫生	完成 □ 未完成 □	

表 7-4 实施记录 2

序号	项目		检查结果	处理方式
1	制动器 B2	检查钢片	断裂 □ 点蚀 □ 变形 □	正常： 更换：
		检查摩擦片	点蚀 □ 烧蚀 □ 断齿 □ 脱落 □	
		检查波形弹片	变形 □ 断裂 □	
		检查弹簧	变形 □ 断裂 □ 弹性不足 □	
		检查弹簧帽	有变形 □ 无变形 □	

续表

序号	项目		检查结果	处理方式
2	离合器 K2	检查钢片	断裂 □ 点蚀 □ 变形 □	正常： 更换：
		检查摩擦片	点蚀 □ 烧蚀 □ 断齿 □ 脱落 □	
		检查波形弹片	变形 □ 断裂 □	
		检查弹簧	变形 □ 断裂 □ 弹性不足 □	
		离合器毂	变形 □ 过度磨损 □	
3	离合器 K1	检查钢片	断裂 □ 点蚀 □ 变形 □	正常： 更换：
		检查摩擦片	点蚀 □ 烧蚀 □ 断齿 □ 脱落 □	
		检查波形弹片	变形 □ 断裂 □	
		检查弹簧	变形 □ 断裂 □ 弹性不足 □	
		离合器毂	变形 □ 过度磨损 □	
		内外支架	变形 □ 断裂 □	
		支撑环	变形 □ 断裂 □	
4	离合器 K3	检查钢片	断裂 □ 点蚀 □ 变形 □	正常： 更换：
		检查摩擦片	点蚀 □ 烧蚀 □ 断齿 □ 脱落 □	
		检查波形弹片	变形 □ 断裂 □	
		检查弹簧	变形 □ 断裂 □ 弹性不足 □	
5	小输入轴、小太阳轮输入轴及大太阳轮	小输入轴	过度磨损 □ 花键缺齿 □ 断齿 □	正常： 更换：
		小太阳轮输入轴	过度磨损 □ 花键缺齿 □ 断齿 □	
		大太阳轮	过度磨损 □ 花键缺齿 □ 断齿 □	
		滚柱轴承及推力滚针轴承	损坏 □ 破碎 □	
6	单向离合器	支架	有断裂 □ 无断裂 □	正常： 更换：
		滚柱	缺失 □ 过度磨损 □	
		弹簧回位	正常 □ 不正常 □	
7	制动器 B1	检查钢片	断裂 □ 点蚀 □ 变形 □	正常： 更换：
		检查摩擦片	点蚀 □ 烧蚀 □ 断齿 □ 脱落 □	
		检查波形弹片	变形 □ 断裂 □	
8	行星架	齿轮架齿轮	缺齿 □ 断齿 □ 碎裂 □	正常： 更换：
		单向离合器接触面	烧蚀 □ 过度磨损 □	
		推力滚针轴承	损坏 □ 破碎 □	

表 7-5 实施记录 3

序号	项目	测量值	标准值	处理方式
1	测量制动器 B1 的间隙		间隙最小值为 1.25 mm，最大值为 1.55 mm	
2	测量离合器 K3 的间隙		间隙最小值为 0.5 mm，最大值为 1.2 mm	
3	测量离合器 K1 的间隙		间隙最小值为 0.5 mm，最大值为 1.2 mm	
4	测量离合器 K2 的间隙		间隙最小值为 0.5 mm，最大值为 1.2 mm	
5	测量制动器 B2 的间隙		间隙范围：0.8 ~ 1.2 mm	
6	测量输入轴轴向间隙		间隙范围：0.5 ~ 1.2 mm	

六、检查

（一）自检

结合本组任务操作过程，对任务执行过程中的操作规范性进行检查，如果存在问题，分析讨论应如何避免，并总结规范的操作方法（见表 7-6）。

表 7-6 自检

检查项目	结果
车辆停放位置是否合适，是否将自动变速器置于 P 挡并拉紧驻车制动器	
是否使用三件套对车辆进行防护	
是否按规范操作举升机，是否注意人身安全	
自动变速器大修工艺及流程是否有漏项	
系统故障是否排除	
工作场地是否清洁，车辆是否复位	

（二）互检

组与组之间相互进行任务操作过程及结果检查，并把检查结果填写在表 7-7 中。

表 7-7 互检

检查项目	结果
车辆停放位置是否合适，是否将自动变速器置于 P 挡并拉紧驻车制动器	
是否使用三件套对车辆进行防护	

续表

检查项目	结果
是否按规范操作举升机，是否注意人身安全	
自动变速器大修工艺及流程是否有漏项	
系统故障是否排除	
工作场地是否清洁，车辆是否复位	

七、课堂小结

任务八　自动变速器大修工艺及流程（二）

<table>
<tr><td colspan="7">汽车自动变速器故障诊断与维修任务工单——自动变速器调整与组装</td></tr>
<tr><td>客户信息</td><td>姓名</td><td colspan="2"></td><td>职业</td><td colspan="2"></td></tr>
<tr><td rowspan="2">车辆信息</td><td colspan="2">车型</td><td colspan="2">VIN 码</td><td colspan="2">行驶里程</td></tr>
<tr><td colspan="2"></td><td colspan="2"></td><td colspan="2"></td></tr>
<tr><td>客户描述</td><td colspan="6">制动液液位偏低 □ 制动器失灵 □ ABS 故障灯常亮 □ 制动灯常亮 □
轮速传感器无反馈信号 □ ABS 总泵不工作 □ 车辆制动时有异响 □ 自动变速器未保养 □
自动变速器油液变质 □ 自动变速器工作有异响 □ 自动变速器跳挡 □ 自动变速器挡位紊乱 □
其他：</td></tr>
<tr><td colspan="3">车辆外观检查</td><td colspan="4">车辆内部检查</td></tr>
<tr><td>凹凸 □</td><td colspan="2" rowspan="4"></td><td>污渍 □</td><td colspan="3" rowspan="4"></td></tr>
<tr><td>划痕 □</td><td>破损 □</td></tr>
<tr><td>石击 □</td><td>色斑 □</td></tr>
<tr><td>油漆 □</td><td>变形 □</td></tr>
<tr><td>明确具体工作任务</td><td colspan="6"></td></tr>
</table>

任务目标

- 掌握自动变速器拆解及组装的注意事项
- 能够进行自动变速器的拆解及组装

任务内容

- 自动变速器的拆解及其注意事项
- 自动变速器组装的注意事项

续表

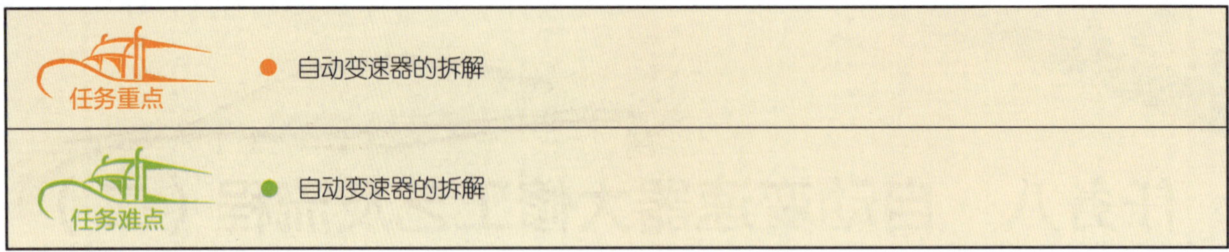

任务重点	● 自动变速器的拆解
任务难点	● 自动变速器的拆解

一、任务准备

在下列图片中勾选出完成本任务所需的工具、设备、资料等。

工作台	接油盆	三件套	吹尘枪
旋具套装	工具车	工具套件	尖嘴钳
毛刷	抹布	压床	举升机
自动变速器油	维修手册	轮速传感器	实训整车

二、防护措施

1. 进入车间应穿工鞋、戴工帽；工作服应穿戴整齐；操作时不可佩戴手表等金属饰品，以防划伤车辆表面。

2. 举升车辆时应严格按照举升机使用方法进行操作，并通知其他人员远离举升设备。

3. 更换油液或配件时应做好油液和配件的回收清理工作，以免对工作环境造成污染。

识别下列三幅车间操作图片，勾选出操作正确的图片。

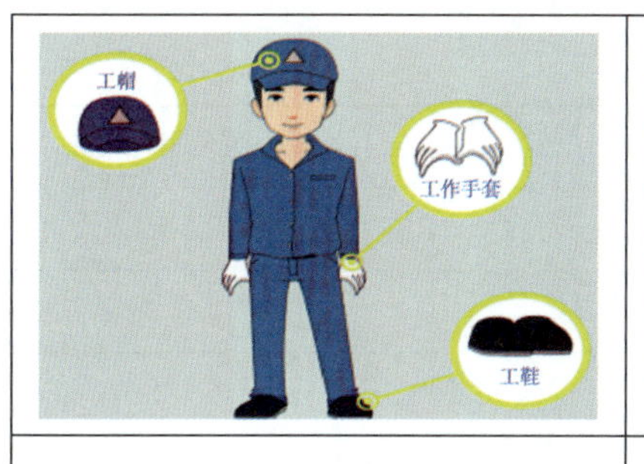		

三、任务分配（见表 8-1）

表 8-1　任务分配表

职务	代码	姓名	工作内容
组长	A		
组员	B		
	C		
	D		
	E		

四、任务实施

（一）操作步骤

将表 8-2 中的工作内容进行排序，并填写所需的工具、设备、资料以及相关的注意事项。

表 8-2　操作步骤

步骤	工作内容	工具、设备、资料	注意事项
	安装车辆防护工具		
	查阅相关维修资料，分析故障位置		
	组装并测量自动变速器		

续表

步骤	工作内容	工具、设备、资料	注意事项
	检查并清洗自动变速器		
	分解自动变速器		
	整理工具，打扫场地卫生		

（二）实施记录

结合任务实施过程，对照表 8-3 ~ 表 8-5 中的检查项目，勾选或填写出实际的检查结果。

表 8-3　实施记录 1

序号	项目	检查结果或工具	备注
1	安装车辆防护工具	完成 □　未完成 □	
2	检查自动变速器外壳	裂缝 □　变形 □　漏油 □	
3	检查自动变速器油液面高度	正常 □　不正常 □	
4	拆装加油口螺栓	工具型号：______	紧固至 15 N · m
5	拆装观察孔螺栓	工具型号：______内六角扳手	
6	拆装油底壳螺栓	工具型号：______套筒	8 个螺栓
7	拆装自动变速器滤清器	工具型号：______套筒	紧固至 11 N · m
8	检查活塞内外唇口	破损 □　开裂 □　划伤 □　橡胶老化 □	
9	检查轴及轴套	点蚀 □　划伤 □　偏磨 □	
10	检查油泵止推垫片	烧蚀 □　变形 □　过度磨损 □	
11	检查油泵上的活塞环	磨损 □　断裂 □　变形 □	
12	检查油泵密封圈	破损 □　断裂 □　橡胶老化 □	
13	测量齿轮端面间隙		
14	测量壳体间隙		
15	测量齿顶间隙		
16	拆装油泵固定螺栓	工具：　　　　扭矩：	7 个油泵固定螺栓
17	拆装油泵壳体固定螺栓	工具：　　　　扭矩：	5 个油泵导轮支架固定螺栓
18	滑阀箱是否清洁干净	干净 □　不干净 □	
19	滑阀箱安装位置	正常 □　不正常 □	
20	电磁阀阀芯自由滑落情况	正常 □　不正常 □	
21	组装自动变速器	完成 □　未完成 □	
22	整理工具，打扫场地卫生	完成 □　未完成 □	

表 8-4　实施记录 2

序号	项目		检查结果	处理方式
1	制动器 B2	检查钢片	断裂 □　点蚀 □　变形 □	正常： 更换：
		检查摩擦片	点蚀 □　烧蚀 □　断齿 □　脱落 □	
		检查波形弹片	变形 □　断裂 □	
		检查弹簧	变形 □　断裂 □　弹性不足 □	
		检查弹簧帽	有变形 □　无变形 □	
2	离合器 K2	检查钢片	断裂 □　点蚀 □　变形 □	正常： 更换：
		检查摩擦片	点蚀 □　烧蚀 □　断齿 □　脱落 □	
		检查波形弹片	变形 □　断裂 □	
		检查弹簧	变形 □　断裂 □　弹性不足 □	
		离合器毂	变形 □　过度磨损 □	
3	离合器 K1	检查钢片	断裂 □　点蚀 □　变形 □	正常： 更换：
		检查摩擦片	点蚀 □　烧蚀 □　断齿 □　脱落 □	
		检查波形弹片	变形 □　断裂 □	
		检查弹簧	变形 □　断裂 □　弹性不足 □	
		离合器毂	变形 □　过度磨损 □	
		内外支架	变形 □　断裂 □	
		支撑环	变形 □　断裂 □	
4	离合器 K3	检查钢片	断裂 □　点蚀 □　变形 □	正常： 更换：
		检查摩擦片	点蚀 □　烧蚀 □　断齿 □　脱落 □	
		检查波形弹片	变形 □　断裂 □	
		检查弹簧	变形 □　断裂 □　弹性不足 □	
5	小输入轴、小太阳轮输入轴及大太阳轮	小输入轴	过度磨损 □　花键缺齿 □　断齿 □	正常： 更换：
		小太阳轮输入轴	过度磨损 □　花键缺齿 □　断齿 □	
		大太阳轮	过度磨损 □　花键缺齿 □　断齿 □	
		滚柱轴承及推力滚针轴承	损坏 □　破碎 □	
6	单向离合器	支架	有断裂 □　无断裂 □	正常： 更换：
		滚柱	缺失 □　过度磨损 □	
		弹簧回位	正常 □　不正常 □	
7	制动器 B1	检查钢片	断裂 □　点蚀 □　变形 □	正常： 更换：
		检查摩擦片	点蚀 □　烧蚀 □　断齿 □　脱落 □	
		检查波形弹片	变形 □　断裂 □	
8	行星架	齿轮架齿轮	缺齿 □　断齿 □　碎裂 □	正常： 更换：
		单向离合器接触面	烧蚀 □　过度磨损 □	
		推力滚针轴承	损坏 □　破碎 □	

表 8-5　实施记录 3

序号	项目	测量值	标准值	处理方式
1	测量制动器 B1 的间隙		间隙最小值为 1.25 mm，最大值为 1.55 mm	
2	测量离合器 K3 的间隙		间隙最小值为 0.5 mm，最大值为 1.2 mm	
3	测量离合器 K1 的间隙		间隙最小值为 0.5 mm，最大值为 1.2 mm	
4	测量离合器 K2 的间隙		间隙最小值为 0.5 mm，最大值为 1.2 mm	
5	测量制动器 B2 的间隙		间隙范围：0.8 ~ 1.2 mm	
6	测量输入轴轴向间隙		间隙范围：0.5 ~ 1.2 mm	

五、检查

（一）自检

结合本组任务操作过程，对任务执行过程中的操作规范性进行检查，如果存在问题，分析讨论应如何避免，并总结规范的操作方法（见表 8-6）。

表 8-6　自检

检查项目	结果
车辆停放位置是否合适，是否将自动变速器置于 P 挡并拉紧驻车制动器	
是否使用三件套对车辆进行防护	
是否按规范操作举升机，是否注意人身安全	
自动变速器大修工艺及流程是否有漏项	
系统故障是否排除	
工作场地是否清洁，车辆是否复位	

（二）互检

组与组之间相互进行任务操作过程及结果检查，并把检查结果填写在表 8-7 中。

表 8-7　互检

检查项目	结果
车辆停放位置是否合适，是否将自动变速器置于 P 挡并拉紧驻车制动器	
是否使用三件套对车辆进行防护	
是否按规范操作举升机，是否注意人身安全	
变速器大修工艺及流程是否有漏项	

续表

检查项目	结果
系统故障是否排除	
工作场地是否清洁，车辆是否复位	

六、课堂小结

任务九　DSG 变速器控制单元与离合器总成的更换

<table>
<tr><td colspan="7">汽车自动变速器故障诊断与维修任务工单</td></tr>
<tr><td>客户信息</td><td>姓名</td><td colspan="2"></td><td>电话</td><td colspan="2"></td></tr>
<tr><td rowspan="2">车辆信息</td><td colspan="2">车型</td><td colspan="2">VIN 码</td><td colspan="2">行驶里程</td></tr>
<tr><td colspan="2"></td><td colspan="2"></td><td colspan="2"></td></tr>
<tr><td>客户描述</td><td colspan="6">入挡不走车 □　手动模式失灵 □　换挡杆无法解锁 □　自动变速器挡位错乱 □
行驶缓慢 □　入挡闯车 □　自动变速器工作异响 □　自动变速器未保养 □
其他：</td></tr>
<tr><td colspan="3">车辆外观检查</td><td colspan="4">车辆内部检查</td></tr>
<tr><td>凹凸 □
划痕 □
石击 □
油漆 □</td><td colspan="2"></td><td>污渍 □
破损 □
色斑 □
变形 □</td><td colspan="3"></td></tr>
<tr><td>明确具体工作任务</td><td colspan="6"></td></tr>
</table>

任务目标

- 能够对 DSG 变速器控制单元进行更换
- 能够对 DSG 变速器离合器进行更换

任务内容

- DSG 双离合器变速器的分类
- DSG 双离合器变速器的结构与原理

续表

 任务重点	● DSG 双离合器变速器的分类 ● DSG 双离合器变速器的结构与原理
 任务难点	● DSG 双离合器变速器控制单元更换

一、知识讲解

（一）DSG 双离合器变速器的分类

DSG（Direct Shift Gearbox）变速器的传动机构与手动变速器相同，采用平行轴齿轮传动系统，如图 9-1 所示。有所不同的是，DSG 变速器采用两根输入轴同轴的方式分别驱动变速器内部的奇数挡和偶数挡。由于变速器采用两根输入轴，必须采用两个离合器进行传动，因此又称双离合器变速器。

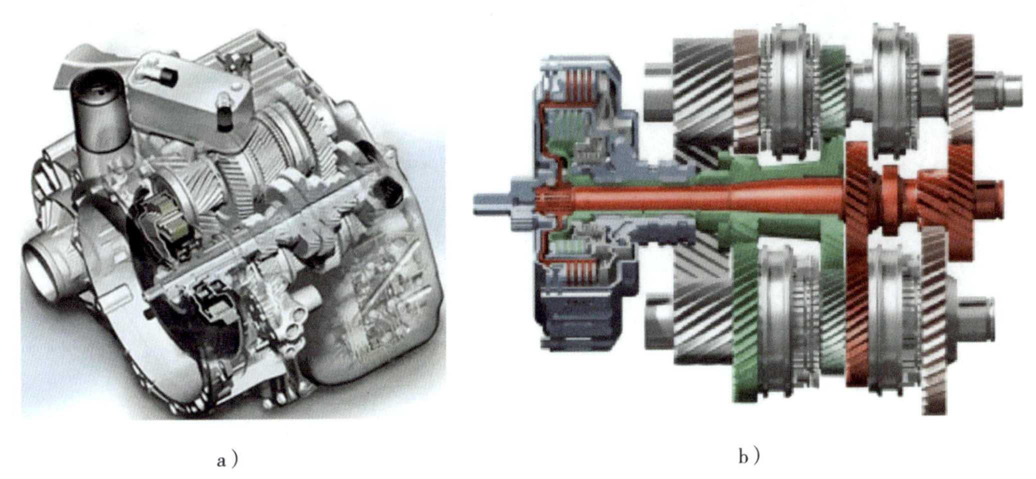

a） b）

图 9-1 DSG 变速器

a）DSG 变速器透视图 b）DSG 内部结构图

根据双离合器的结构形式不同，DSG 变速器分为湿式和干式两种，如图 9-2 所示。湿式离合器的结构与行星齿轮变速器中输入轴的离合器类似，由多片钢片和摩擦片及活塞等组成；工作时，油泵产生的油压推动活塞，产生的推力使离合器内的钢片和摩擦片接合。干式离合器则和普通手动变速器的离合器结构类似，由压盘、膜片弹簧、从动盘等组成；工作时，油泵产生的油压推动推杆，推杆推动拨叉，拨叉拨动膜片弹簧使压盘压紧从动盘。

（二）DSG 双离合器变速器的结构与原理

1. DSG 变速器的结构

不管是干式双离合器变速器还是湿式双离合器变速器，其工作原理基本相同，都是通过双离合器连接的两根输入轴传递动力，行驶过程中同时挂入两个挡位（一个奇数挡，一个偶数挡），并通过切换离合器的工作顺序来实现快速换挡。下面以七速 DSG 变速器为例对 DSG 变速器内部齿轮传动机构进行说明，如图 9-3 所示。

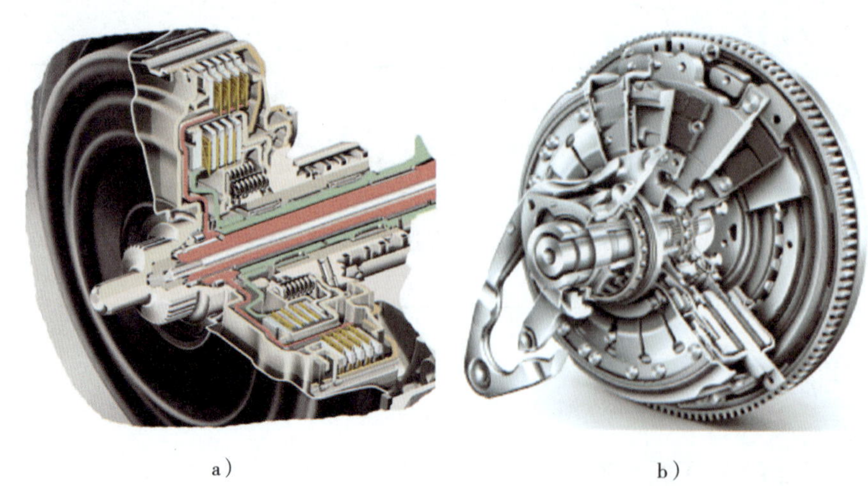

图 9-2 DSG 变速器的离合器

a）湿式离合器 b）干式离合器

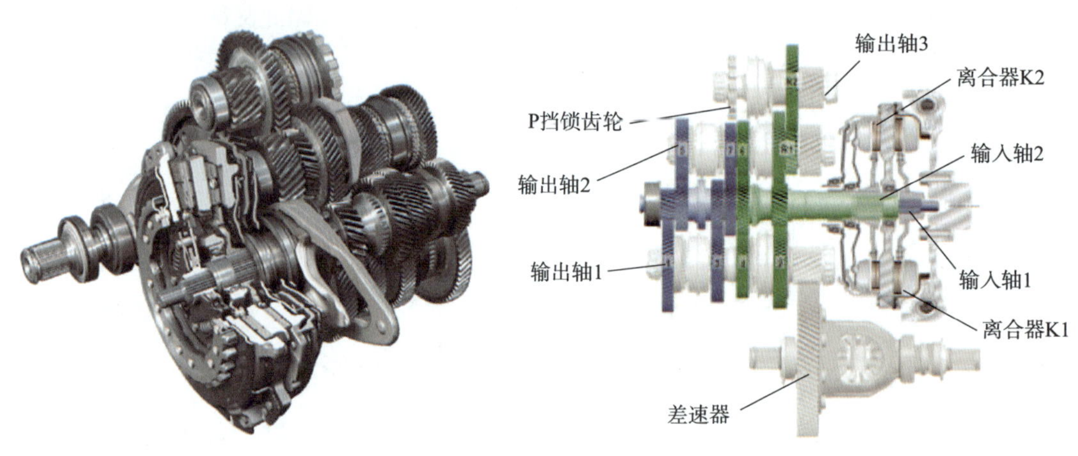

图 9-3 七速 DSG 变速器结构

七速 DSG 变速器采用的是干式双离合器，两根输入轴通过套管的方式分别连接在两个离合器上，在两根输入轴周围布置了三根输出轴，这三根输出轴同时与主减速器从动齿轮相啮合。输入轴 1 上有 1、3、5、7 四个挡位的主动齿轮，分别与输出轴 1 和输出轴 2 上相对应的从动齿轮相啮合；输入轴 2 上则只有两个主动齿轮，直径较大的齿轮同时驱动输出轴 1 上的 4 挡从动齿轮和输出轴 2 上的 6 挡从动齿轮，直径较小的齿轮则驱动输出轴 1 上的 2 挡从动齿轮和空套在输出轴 2 上的倒挡减速齿轮，经过减速齿轮二次减速后驱动输出轴 3 上的倒挡齿轮。

2. DSG 变速器换挡控制原理

由七速 DSG 变速器传动原理可知，输入轴 1 主要驱动变速器的奇数挡，输入轴 2 主要驱动变速器的偶数挡和倒挡。当变速器挂入 D 挡后，变速器控制单元首先控制拨叉将变速器内部 1 挡与 2 挡同时挂入，并首先接合奇数挡输入轴的离合器。随着车速上升，需挂入 2 挡时，变速器控制单元只需要将奇数挡输入轴离合器切换至偶数挡即可。切换完毕，变速器控制单元控制拨叉挂出 1 挡，挂入 3 挡位置。等待下一次换挡时，重新切换离合器即可。

变速器挂入 R 挡后，控制单元直接控制拨叉将输出轴 3 上的倒挡拨叉挂入倒挡位置，动力经输出轴 3 传递至差速器壳体，从而实现倒车行驶。

3. DSG 变速器机械电子控制单元总成

由七速 DSG 变速器传动原理可知，DSG 变速器的挡位变化主要靠拨叉和离合器的切换来实现，而控制变速器拨叉动作和离合器接合的功能，则主要通过机械电子控制单元总成来实现。机械电子控制单元总成如图 9-4 所示。

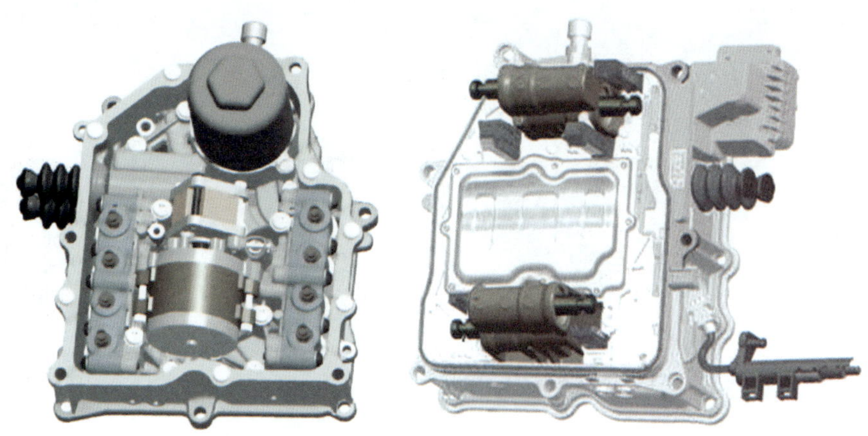

图 9-4 DSG 变速器机械电子控制单元总成

七速 DSG 变速器液压系统的油泵为电子泵，通过一个驱动电动机带动转子泵运转，并建立油压，其控制原理如图 9-5 所示。通过两个相同的油压调节电磁阀分别对奇数挡和偶数挡输入轴的离合器和

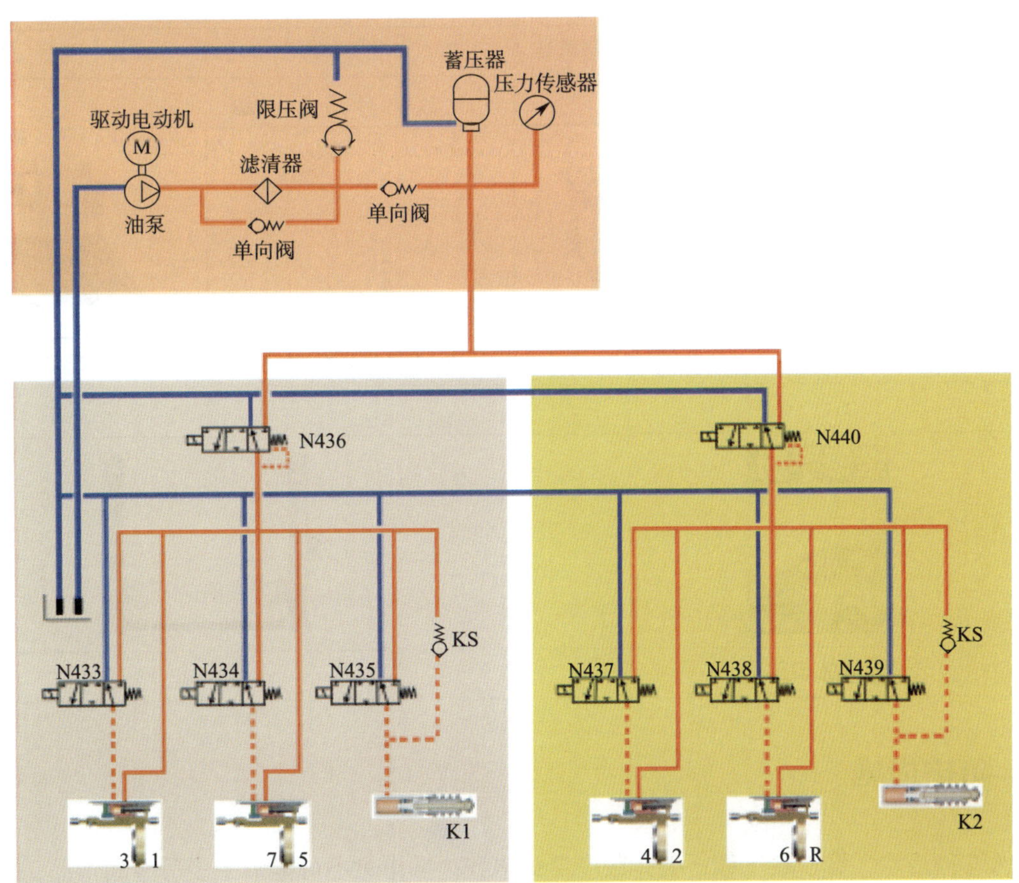

图 9-5 七速 DSG 变速器油路控制原理

换挡拨叉进行控制，从而调节主油压；每个换挡拨叉的操作油压都通过一个电磁阀进行控制，两个离合器也是通过两个单独的电磁阀对其进行油压控制的。

二、任务准备

在下列图片中勾选出完成本任务所需的工具、设备、资料等。

<table>
<tr><td></td><td>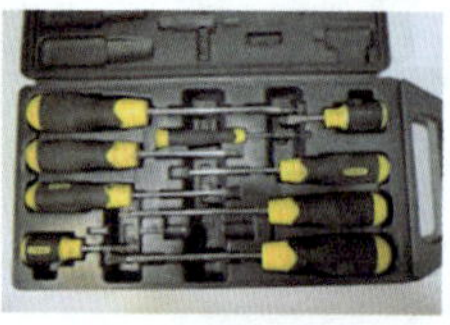</td><td>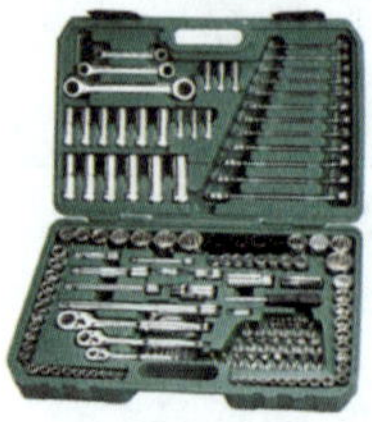</td><td>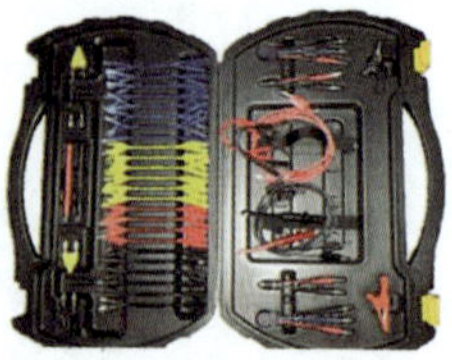</td></tr>
<tr><td>工具车</td><td>旋具套装</td><td>工具套件</td><td>汽车万用表线组</td></tr>
<tr><td></td><td></td><td></td><td></td></tr>
<tr><td></td><td></td><td></td><td></td></tr>
<tr><td>万用表</td><td>DSG 变速器专用工具套装</td><td>清洗油盆</td><td>毛刷</td></tr>
<tr><td></td><td></td><td></td><td></td></tr>
<tr><td></td><td></td><td>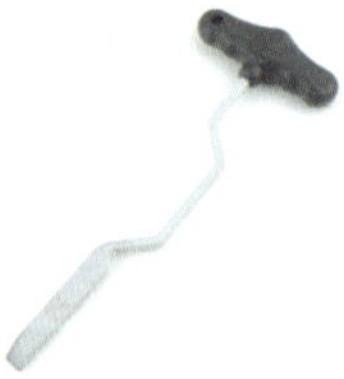</td><td></td></tr>
<tr><td>抹布</td><td>工作台</td><td>DSG 阀体拆装专用工具</td><td>DSG 变速器旋转台架</td></tr>
<tr><td></td><td></td><td></td><td></td></tr>
<tr><td colspan="2"></td><td colspan="2">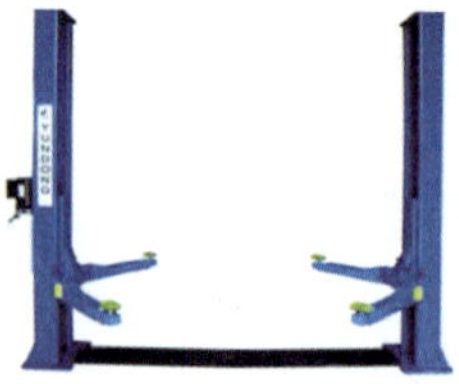</td></tr>
<tr><td colspan="2">维修手册</td><td colspan="2">举升机</td></tr>
</table>

三、防护措施

1. 进入车间应穿工鞋、戴工帽；工作服应穿戴整齐；操作时不可佩戴手表等金属饰品，以防划伤车辆表面。

2. 拆装时应严格按照维修手册要求进行，必要时务必使用专用工具进行拆卸，以免造成元器件损坏。

3. 拆卸完的零配件应按照拆卸顺序摆放，必要时对拆卸零配件进行清洗或更换。

识别下列三幅车间操作图片，勾选出你认为操作正确的图片。

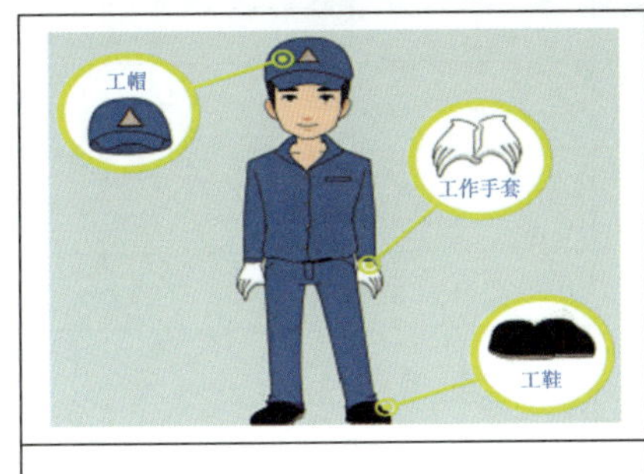		

四、任务分配（见表 9-1）

表 9-1　任务分配表

职务	代码	姓名	工作内容
组长	A		
组员	B		
	C		
	D		
	E		

五、任务实施

（一）操作步骤

将表 9-2 中的工作内容进行排序，并填写所需的工具、设备、资料以及相关的注意事项。

表 9-2　操作步骤

项目名称	步骤	工作内容	工具、设备、资料	注意事项
机械电子控制单元基本设置	1	连接故障诊断仪，打开点火开关，对机械电子控制单元进行基本设置，将自动变速器设置在 P 挡位置		
	2	拆卸自动变速器		
拆卸双离合器		拆卸齿毂卡环		
		将齿毂取出		
		拆卸离合器卡环（卡环有可能固定得非常紧。在这种情况下，离合器与卡环紧贴在一起，使卡环被“夹住”。应安装支撑工具 T10323 及压具 T10376，向下压离合器，使卡环松脱）		

续表

项目名称	步骤	工作内容	工具、设备、资料	注意事项
拆卸双离合器		拆卸导向套支架固定螺栓，将小接合杆与导向套支架一同取出		
		将大接合杆与 K1、K2 接合轴承一同取出		
		将起拔器 T10373 放到双离合器中，顺时针旋转，使其安装到双离合器上。顺时针旋转起拔器 T10373 的螺杆，拔出双离合器，将离合器连同起拔器 T10373 一同取出		
安装接合杆及轴承	1	安装外部传动轴的卡环		
	2	将直尺 T40100 竖放在离合器壳体法兰上，直尺应横跨轴端		
	3	将游标卡尺顶部置于外部传动轴上，并归零		
测量 K1 接合轴承间隙		安装外部传动轴的卡环		
		将游标卡尺顶部置于外部传动轴上，并归零		
		将直尺 T40100 竖放在离合器壳体法兰上，直尺应横跨轴端		
		测量轴端到卡环的距离，记录结果并设为 B_1；在其对面位置上再次测量尺寸，记为 B_2；计算 B_1 与 B_2 的平均值，记为 B。在接下来的计算中都会用到尺寸 B，保存 B 的数值		
		再次拆卸外部传动轴的卡环		
		将限位量规 T10374 置于大接合轴承上，按压限位量规 T10374，同时将其转动，这样可以观察到接合轴承的转动情况，从而使限位量规 T10374 正确地安装在接合轴承上		
		每个变速器 K1 的轴承深度都要达到 50.08 mm，若实际深度值与额定尺寸 50.08 mm 存在偏差，则进行如下计算： 实际深度值 C_1− 额定尺寸 50.08 mm= 离合器的通风行程 D_1		
		A_1−B+ 限位量规 T10374 的高度 = 离合器 1 接合轴承的深度。限位量规 T10374 的高度始终相同（高为 51.81 mm），这样就得出了接合轴承在变速器中的实际深度值 C_1		
		测量轴端与限位量规 T10374 的间距，根据限位量规 T10374 进行两次测量得出的数值计算平均值，记为 A_1		
		必须将双离合器的公差考虑在计算中，从新离合器上读取离合器公差值，进行如下计算： 离合器的通风行程 D_1 + 离合器公差值 = 最终间隙值 根据维修手册上的调整表格，选择合适的调整垫片 注意：安装时只能插入 1 片调整垫片，不能插入 2 片		
测量 K2 接合轴承间隙		A_2−B+ 限位量规 T10374 的高度 = 离合器 2 接合轴承的深度。限位量规 T10374 的高度始终相同（内部高度为 36.20 mm），这样就得出了接合轴承在变速器中的实际深度值 C_2		
		测量轴端与限位量规 T10374 的间距，根据限位量规 T10374 进行两次测量得出的数值计算平均值，记为 A_2		
		将限位量规 T10374 的大开口向上安装到 K2 接合轴承上		

续表

项目名称	步骤	工作内容	工具、设备、资料	注意事项
测量 K2 接合轴承间隙		必须将双离合器的公差考虑在计算中，从新离合器上读取离合器公差值，进行如下计算： 离合器的通风行程 D_2+ 离合器公差值 = 最终间隙值 根据维修手册上的调整表格，选择合适的调整垫片 注意：安装时只能插入 1 片调整垫片，不能插入 2 片		
		每个变速器 K2 的轴承深度都要达到 34.35 mm，若实际深度值与额定尺寸 34.35 mm 存在偏差，则进行如下计算： 实际深度值 C_2− 额定尺寸 34.35 mm= 离合器的通风行程 D_2		
安装双离合器		在两个接合轴承上安装离合器调整垫片		
		将压具 T10376 放置在离合器上，通过转动支撑工具 T10323 上的螺杆将离合器压至安装位置		
		将支撑工具 T10323 和安装工具 T10368 安装在变速器上		
		将起拔器 T10373 插入双离合器中，顺时针转动起拔器 T10373（直到其将双离合器抓紧），利用起拔器 T10373 把离合器放入变速器中		
		安装离合器的固定卡环（如果无法安装卡环，则说明离合器没有压至安装位置，应重新安装离合器）		
		插入齿毂。齿毂有一个大轮齿，所以只能在一个位置安装。在安装齿毂时，必须把大轮齿上的标记和从动盘上的标记对齐		
		检查离合器片间隙，若无间隙或间隙过小，则需要重新测量并更换调整垫片		
		插入齿毂的卡环		
拆卸机械电子控制单元		拆卸离合器接合杆护盖		
		拆卸离合器转速传感器		
		将装配杆 T10407 逆时针旋转，使接合杆从挺杆上压出，并将接合杆固定在该位置。不要取出装配杆 T10407，整个过程中装配杆 T10407 始终保留在接合杆和变速器壳体之间		
		将装配杆 T10407 插入到变速箱外壳的凸起（装配杆 T10407 的背面与变速器外壳全部接触，变速器外壳的凸起与工具的凹槽必须是对齐的）		
		交叉松开机械电子控制单元固定螺栓（4 个长的和 3 个短的）		
		取下机械电子控制单元		
安装机械电子控制单元		调节换挡调节器的位置，使其位于中间，否则变速器不能运行 注意：4 个挡位调节器凸出 25 mm		

续表

项目名称	步骤	工作内容	工具、设备、资料	注意事项
安装机械电子控制单元		依次将换挡拨叉挂入每个位置一次。挂出所有挡位，并再次将换挡拨叉挂入中间位置		
		安装机械电子控制单元，并安装固定螺栓		
		安装变速器输入转速传感器 G182 到变速器壳体上，并安装离合器接合杆护盖		
		慢慢撤去装配杆 T10407		
		使用扭力扳手紧固固定螺栓至 10 N · m，并检查机械电子控制单元推杆防尘套是否对应离合器接合杆槽内		
		连接故障诊断仪，进入引导性功能，对变速器进行基本测量		

（二）实施记录

结合任务实施过程，对照表 9–3 中的检查项目，填写出实际的检查结果。

表 9–3 实施记录

项目		检查结果	备注
离合器调整	K1 与 K2 离合器 B	B_1: ______ B_2: ______ $B=(B_1+B_2)/2=$ ______	
	K1 接合轴承尺寸 A_1	A_{1a}: ______ A_{1b}: ______ $A_1=(A_{1a}+A_{1b})/2=$ ______	
	K1 接合轴承高度公差	$A_1-B=$ ______	
	K1 离合器公差		
	调整垫片 SK1 厚度	SK1=K1 接合轴承高度公差 ±K1 离合器公差 = ______	
	实际选用 K1 离合器接合轴承可用垫片厚度	厚度：______ mm 零件号：______	
	K2 接合轴承尺寸 A_2	A_{2a}: ______ A_{2b}: ______ $A_2=(A_{2a}+A_{2b})/2=$ ______	
	K2 接合轴承高度公差	$A_2-B=$ ______	
	K2 离合器公差		
	调整垫片 SK2 厚度	SK2=K2 接合轴承高度公差 ±K 2 离合器公差 = ______	
	实际选用 K2 离合器接合轴承可用垫片厚度	厚度：______ mm 零件号：______	

六、检查

（一）自检

结合本组任务操作过程，对任务执行过程中的操作规范性进行检查，如果存在问题，分析讨论应如何避免，并总结规范的操作方法（见表 9–4）。

表 9-4 自检

检查项目	结果
离合器调整垫片选用是否正确	
离合器安装是否到位	
机械电子控制单元安装是否到位	
机械电子控制单元密封是否可靠	
挡位调节器位置是否正确	
现场是否做到 5S 管理，工具是否及时归位，现场是否及时清洁	

（二）互检

组与组之间相互进行任务操作过程及结果检查，并把检查结果填写在表 9-5 中。

表 9-5 互检

检查项目	结果
离合器调整垫片选用是否正确	
离合器安装是否到位	
机械电子控制单元安装是否到位	
机械电子控制单元密封是否可靠	
挡位调节器位置是否正确	
现场是否做到 5S 管理，工具是否及时归位，现场是否及时清洁	

七、课堂小结

情境三
自动变速器故障诊断与维修

任务十　自动变速器故障的基本检查

<table>
<tr><td colspan="6">汽车自动变速器故障诊断与维修任务工单</td></tr>
<tr><td>客户信息</td><td>姓名</td><td></td><td>电话</td><td colspan="2"></td></tr>
<tr><td rowspan="2">车辆信息</td><td colspan="2">车型</td><td colspan="2">VIN 码</td><td>行驶里程</td></tr>
<tr><td colspan="2"></td><td colspan="2"></td><td></td></tr>
<tr><td>客户描述</td><td colspan="5">入挡不走车 □　手动模式失灵 □　换挡杆无法解锁 □　自动变速器挡位错乱 □
行驶缓慢 □　入挡闯车 □　自动变速器工作异响 □　自动变速器未保养 □
其他：</td></tr>
<tr><td colspan="3">车辆外观检查</td><td colspan="3">车辆内部检查</td></tr>
<tr><td>凹凸 □
划痕 □
石击 □
油漆 □</td><td colspan="2"></td><td>污渍 □
破损 □
色斑 □
变形 □</td><td colspan="2"></td></tr>
<tr><td>明确具体工作任务</td><td colspan="5"></td></tr>
</table>

任务目标

- 能够对自动变速器电控系统进行自诊断
- 能够对自动变速器外观及电气线路进行基本检查
- 能够对自动变速器油液质量及液面高度进行检查

任务内容

- 自动变速器无法行驶的故障原因
- 自动变速器基本检查的内容及检查方法
- 01V 自动变速器液面高度的检查方法

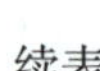

续表

	● 自动变速器基本检查的内容及检查方法 ● 01V 自动变速器液面高度的检查方法
	● 自动变速器故障导致车辆无法行驶的原因

一、知识讲解

（一）自动变速器无法正常工作的原因

1. 挡位开关信号故障或挡位开关驱动连接机械部分故障

挡位开关又称多功能开关，它的信号是满足车辆起步行驶的必需条件。当驾驶员将换挡手柄置于D挡时，换挡杆拉线一端跟随换挡手柄移动，另一端通过花键连接自动变速器内部的换挡轴，换挡轴转动并驱动挡位开关及阀体内部手动阀，自动变速器控制单元通过挡位开关所处位置判断此时换挡手柄位于哪一挡位。

挡位开关本身损坏、自动变速器换挡杆拉线安装不到位以及定位不准确都会导致挡位开关信号不准确，自动变速器控制单元无法判别此时所处挡位，无法进行相应的控制，因此，应对挡位开关本身及其连接机构进行检查。

2. 电控系统各元件故障

电控系统是自动变速器的三大组成部分之一，能实现自动变速器换挡控制等功能。电控系统包括传感器、执行器与电控单元，当其中某些部位出现故障后也会导致自动变速器无法正常工作，因此，应对自动变速器电控系统进行检查。

3. 自动变速器油液面过低、油质变差

自动变速器油液是自动变速器能够实现动力连接与传递的重要介质，其液面过低或油质太差都可能对自动变速器液压控制系统内部压力产生影响，导致液压控制系统内部阀体滑动位置受限，执行元件接合力过小或无法接合等，从而影响自动变速器传动系统的正常工作。

若自动变速器油液面低于正常值，可能会导致液压控制系统的阀板中进入空气，使系统压力过低，从而引起执行元件接合缓慢、打滑甚至无法接合等。

自动变速器油长期使用不更换则可能导致其密封性能和摩擦性能下降，从而造成液压控制系统内部泄漏，油压降低，执行元件摩擦力变小，引起打滑现象。自动变速器油液中的杂质还可能会引起滑阀卡滞，导致离合器或制动器无法顺利接合和释放，进而不能实现正常挡位变换。

（二）自动变速器故障的基本检查

1. 外观与常规检查

打开点火开关，踩下制动踏板，将自动变速器换挡杆在每个位置都停留一下，观察仪表盘上换挡杆位置显示与实际换挡杆位置是否相符。

举升车辆，检查自动变速器油底壳及外壳有无明显机械损伤；检查自动变速器换挡杆拉线连接是否正常，有无脱落或卡滞现象；检查挡位开关定位是否正常以及自动变速器各个线束插接器有无破损等。

2. 故障自诊断

连接诊断设备，检查自动变速器电子控制单元有无故障码，测试执行元件，仔细辨听阀体各个电磁阀是否正常工作。

3. 自动变速器油液面及油质检查

01V 自动变速器油底壳上的加油口也是溢流口，检查自动变速器油液面高度时应先启动发动机，使自动变速器油液温度预热至 35～45 ℃，并将自动变速器换挡杆在每个位置都停留 5 s。然后使用 17 mm 内六角扳手将自动变速器油底壳上的加油口螺栓拧下，观察溢流孔有无自动变速器油溢出，若无油液溢出，应补加自动变速器油液至有油液溢出为止。

用手指蘸取部分自动变速器油观察油液颜色并轻轻捻动，检查油质黏度是否正常，有无磨屑及异味，必要时拆下油底壳，清理油底壳后更换自动变速器油。

二、任务准备

在下列图片中勾选出完成本任务所需的工具、设备、资料等。

 工具车	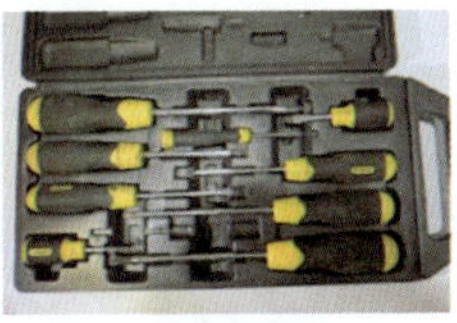 旋具套装	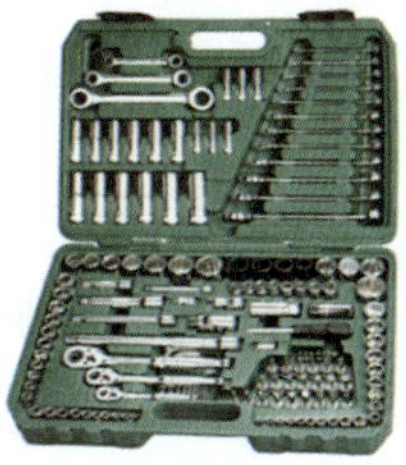 工具套件	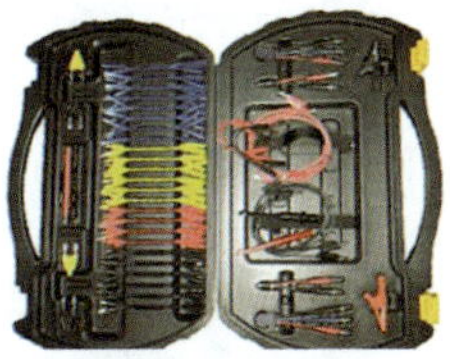 汽车万用表线组

万用表	试灯	剥线钳	诊断设备
		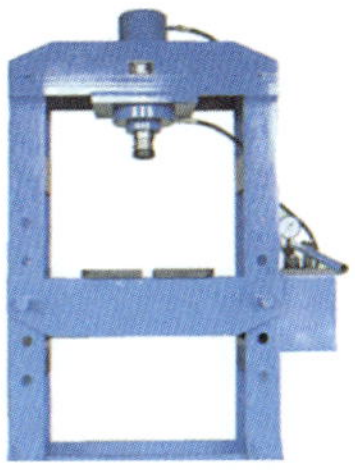	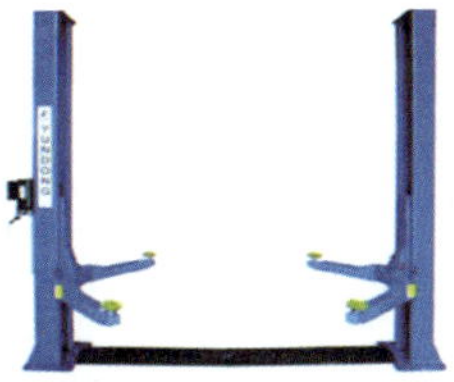
毛刷	抹布	压床	举升机

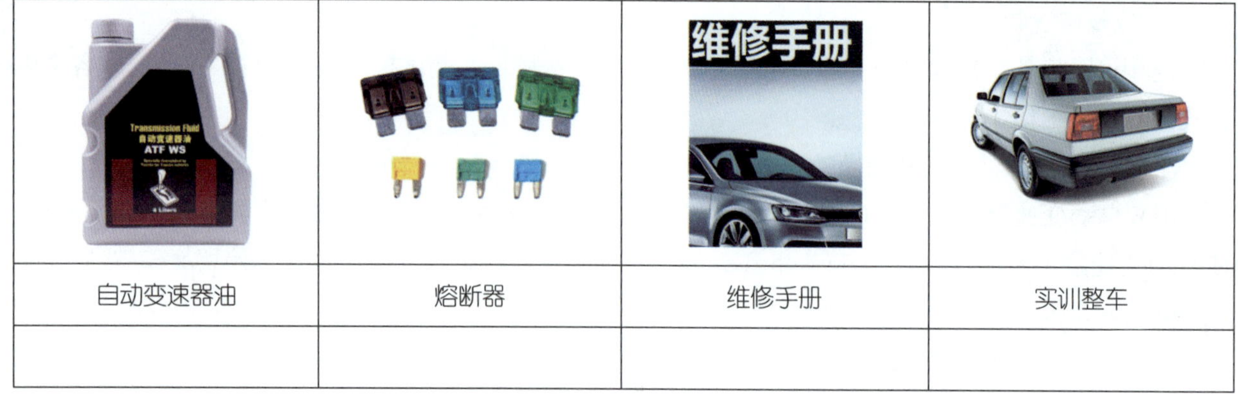

自动变速器油	熔断器	维修手册	实训整车

三、防护措施

1. 进入车间应穿工鞋、戴工帽；工作服应穿戴整齐；操作时不可佩戴手表等金属饰品，以防划伤车辆表面。

2. 举升车辆时应严格按照举升机使用方法进行操作，并通知其他人员远离举升设备。

3. 更换油液或配件时应做好油液和配件的回收清理工作，以免对工作环境造成污染。

识别下列三幅车间操作图片，勾选出操作正确的图片。

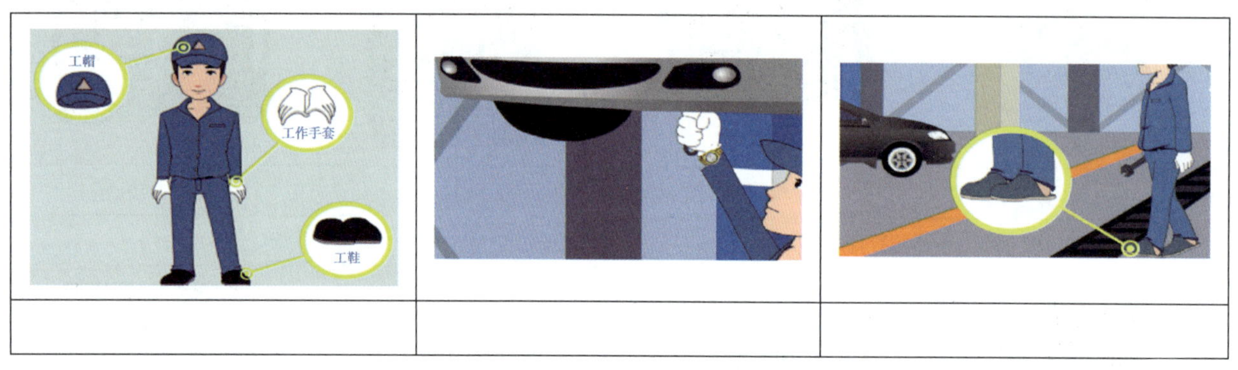

四、任务分配（见表 10-1）

表 10-1 任务分配表

职务	代码	姓名	工作内容
组长	A		
组员	B		
	C		
	D		
	E		

五、任务实施

（一）操作步骤

将表 10–2 中的工作内容进行排序，并填写所需的工具、设备、资料以及相关的注意事项。

表 10–2 操作步骤

项目名称	步骤	工作内容	工具、设备、资料	注意事项
准备工作	1	安装车辆防护工具		
	2	打开发动机舱盖，铺设翼子板布		
	3	检查举升机支撑臂是否处于正确位置，并将车辆举升至合适位置		
自动变速器常规检查		打开点火开关，踩下制动踏板，检查换挡杆锁止功能是否正常		
		移动换挡杆，检查换挡杆是否能在各挡位之间自由切换，并观察仪表显示与换挡杆位置是否匹配		
		关闭点火开关，举升车辆至合适位置，检查自动变速器底部有无明显机械损伤和油液泄漏		
		检查自动变速器换挡杆拉线固定是否牢固，挡位开关定位是否牢固		
		检查挡位开关线束插接器是否正常，拔下插接器，检查其端子有无进水、弯折、锈蚀现象		
		检查自动变速器电磁阀线束插接器是否正常，拔下插接器，检查其端子有无进水、弯折、锈蚀现象		
自动变速器电控系统检查		连接故障诊断仪到车辆诊断接口上，检查自动变速器控制系统内部有无故障码		
		举升车辆至合适位置，使用故障诊断仪对自动变速器电子控制单元进行“执行元件测试”，使用听诊器检查自动变速器内部液压控制电磁阀有无动作		
		读取自动变速器数据流，检查各个通道数据流是否符合维修手册中的标准		
自动变速器油液检查		启动发动机，踩下油门踏板，将发动机转速保持在 2 000 r/min		
		使用故障诊断仪读取变速器 004 组第一位，观察自动变速器油温，待油温上升至 35 ~ 45 ℃时，松开油门踏板，使发动机保持怠速运转		
		踩下制动踏板，将自动变速器换挡杆移出 P 挡位置，并在每个位置停留 5 s 后，移回 P 挡位置		
		保持发动机怠速运转，举升车辆至合适位置，将旧油回收桶放置在自动变速器加油口下方		

续表

项目名称	步骤	工作内容	工具、设备、资料	注意事项
自动变速器油液检查		使用 17 mm 内六角扳手拆下自动变速器加油口螺栓，观察有无自动变速器油液溢出，若无油液溢出，则进行补加		
		用手指在自动变速器油加注口位置蘸取少量油液，同时轻轻捻动手指，检查自动变速器油液中有无磨屑或杂质，并检查其有无焦煳味		
		检查完毕，将自动变速器油加注口螺栓装复，降落车辆并关闭点火开关		
整理		撤去翼子板布，关闭发动机舱盖并进行试车，验证故障是否排除		
		撤去车辆防护工具		

（二）实施记录

结合任务实施过程，对照表 10–3 中的检查项目，勾选出实际的检查结果。

表 10–3　实施记录

项目			检查结果	备注
常规检查	换挡杆	换挡杆锁	正常 □　无法解锁 □　其他故障 □	
		换挡杆位置	正常 □　实际位置与显示不匹配 □　其他故障 □	
	外观与线束	外观	正常 □　裂纹 □　渗漏 □　凹陷 □　其他故障 □	
		线束插接器	正常 □　弯折 □　破损 □　锈蚀 □　其他故障 □	
		电磁阀线束	正常 □　破损 □　弯折 □　挤压 □　其他故障 □	
电控系统检查	故障码		有（将故障码内容备注到右侧表格中）□　无 □	
	执行元件测试		正常 □　某一电磁阀无动作（将具体内容填写至备注）□	
	数据流		无异常 □　数据超出标准值（将具体内容填写至备注）□	
油液检查	液面高度		正常 □　过高 □　过低 □	
	油液质量		正常 □　杂质过多 □　黏度过低 □　其他情况 □	

六、检查

（一）自检

结合本组任务操作过程，对任务执行过程中的操作规范性进行检查，如果存在问题，分析讨论应如何避免，并总结规范的操作方法（见表 10–4）。

表 10-4 自检

检查项目	结果
车辆停放位置是否合适，是否将自动变速器置于 P 挡并拉紧驻车制动器	
是否使用车辆防护工具对车辆进行防护	
是否按规范操作举升机，是否注意人身安全	
自动变速器检测项目是否有漏项	
工作场地是否清洁，车辆是否复位	

（二）互检

组与组之间相互进行任务操作过程及结果检查，并把检查结果填写在表 10-5 中。

表 10-5 互检

检查项目	结果
车辆停放位置是否合适，是否将自动变速器置于 P 挡并拉紧驻车制动器	
是否使用车辆防护工具对车辆进行防护	
是否按规范操作举升机，是否注意人身安全	
自动变速器检测项目是否有漏项	
工作场地是否清洁，车辆是否复位	

七、课堂小结

任务十一　自动变速器入挡冲击的故障检测与维修（一）

汽车自动变速器故障诊断与维修任务工单——电子控制系统检查					
客户信息	姓名		电话		
车辆信息	车型		VIN码		行驶里程
客户描述	入挡不走车 □　行驶缓慢 □	手动模式失灵 □　入挡闯车 □	换挡杆无法解锁 □　自动变速器工作异响 □	自动变速器挡位错乱 □　自动变速器未保养 □	
	其他：				
车辆外观检查			车辆内部检查		
凹凸 □			污渍 □		
划痕 □			破损 □		
石击 □			色斑 □		
油漆 □			变形 □		
明确具体工作任务					

任务目标

- 能够对自动变速器入挡冲击的故障原因进行分析
- 能够检查自动变速器入挡冲击故障

任务内容

- 自动变速器入挡冲击的故障原因分析
- 自动变速器入挡冲击的检查方法

续表

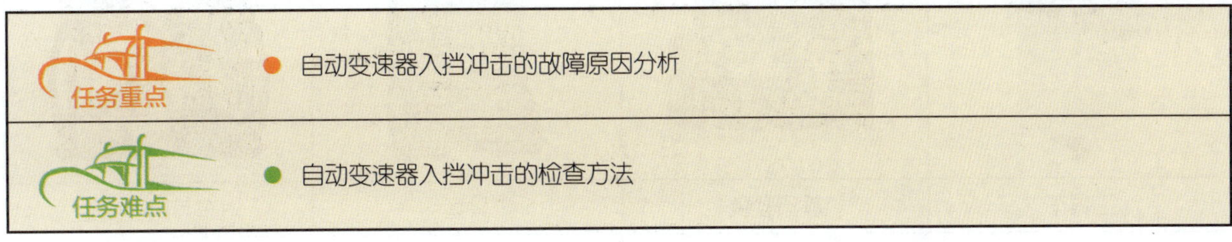

一、知识讲解

（一）造成入挡冲击的原因

入挡冲击是指自动变速器挂入除 P 挡与 N 挡以外的其他任何挡位，都会产生强烈的振动感。

造成入挡冲击的原因有：

1. 自动变速器进入应急模式

当自动变速器电子控制单元检测到重要的传感器或执行元件出现问题后，电控系统将退出工作，不再对自动变速器液压系统内部油路及油压进行控制。此时，液压控制系统只根据手控阀的位置，以最大油压对固定的几个执行元件进行控制，所以会产生较大冲击。

2. 液压控制系统内部机械故障

自动变速器内部液压控制系统若出现滑阀卡滞、节流阀堵塞或变大等机械故障，都可能导致自动变速器内部主油压过高或某一执行元件控制油压过高，从而导致执行元件接合过快，产生冲击。液压控制系统机械故障大多数都与自动变速器油液变质或长期不更换有关。

3. 修理过程中的人为故障

在对自动变速器进行大修时，将液压控制系统中的滑阀与弹簧顺序装反、节流孔阀片位置放置错误，都可能引起自动变速器换挡冲击，甚至造成车辆无法行驶。因此，在对自动变速器进行大修时，严禁随意拆开阀板，必须拆解阀板时，应查阅维修手册或相关资料，并严格按照维修手册中的内容和技术要求进行安装与修复。

（二）入挡冲击的检查方法

1. 检查电控系统

当自动变速器产生入挡冲击时，应首先检查仪表上的挡位显示是否出现故障报警，并使用故障诊断仪检查自动变速器电控系统有无故障码。若有故障码，应根据故障码对相关电气元件及电路进行检查与修复。

2. 检查自动变速器油液

若检查自动变速器电控系统无故障码，则应检查自动变速器油液液位是否正常，并检查其油质是否良好。

3. 检查自动变速器液压控制系统

若自动变速器电控系统正常，且自动变速器油液无明显问题，则应拆下自动变速器液压控制系统，对其进行清洗，并检查液压控制系统内部各个阀体是否移动自如，有无卡滞、松旷现象，根据维修手册检查各个球阀与限流阀是否安装正确，有无损坏。

二、任务准备

在下列图片中勾选出完成本任务所需的工具、设备、资料等。

 工具车	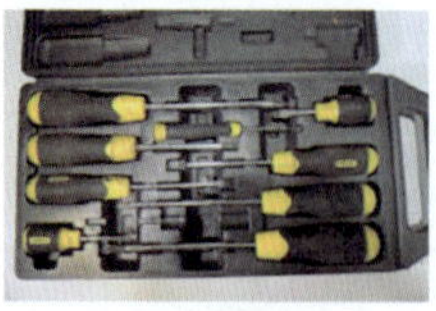 旋具套装	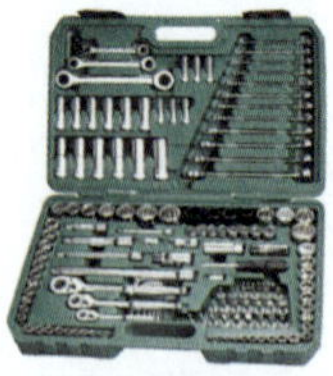 工具套件	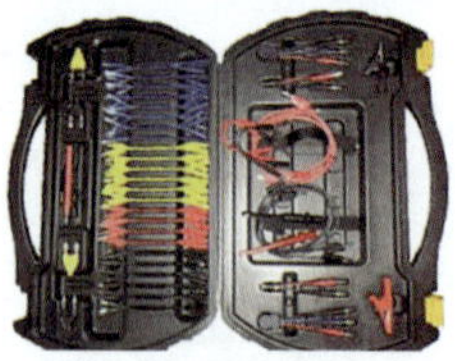 汽车万用表线组
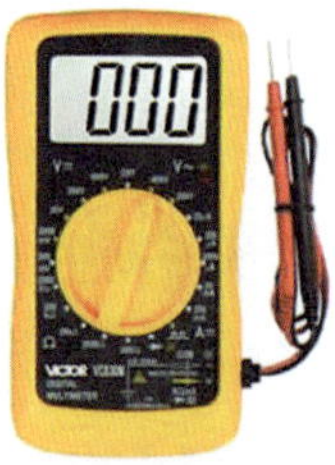 万用表	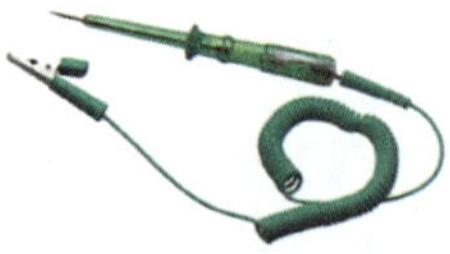 试灯	 故障诊断设备	 毛刷
 抹布	 旧油回收桶	 举升机	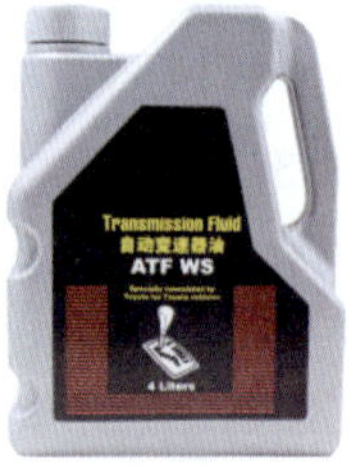 自动变速器油

 熔断器	 维修手册	 实训整车

三、防护措施

1. 进入车间应穿工鞋、戴工帽；工作服应穿戴整齐；操作时不可佩戴手表等金属饰品，以防划伤车辆表面。

2. 举升车辆时应严格按照举升机使用方法进行操作，并通知其他人员远离举升设备。

3. 更换油液或配件时应做好油液和配件的回收清理工作，以免对工作环境造成污染。

识别下列三幅车间操作图片，勾选出操作正确的图片。

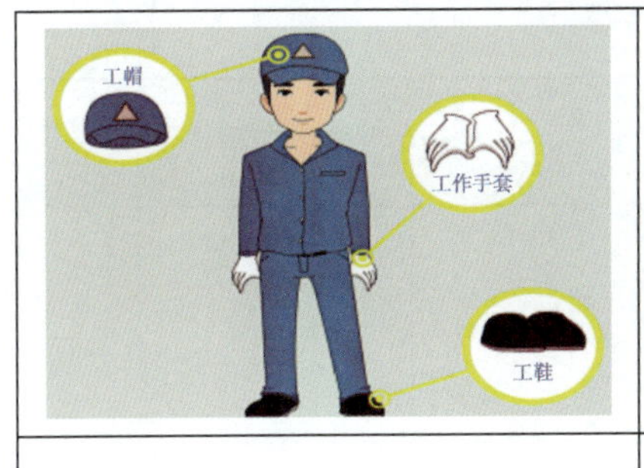		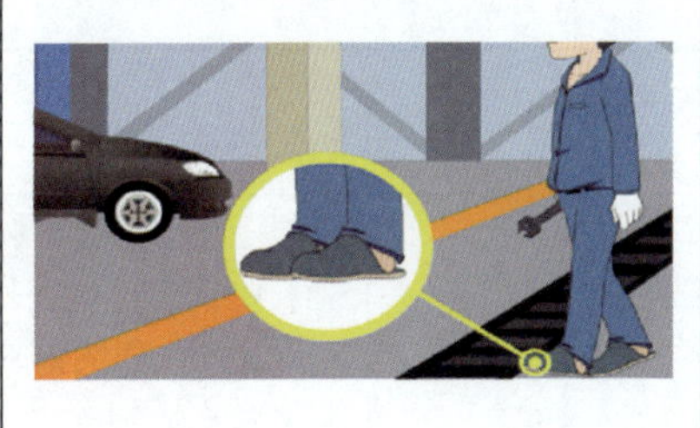

四、任务分配（见表 11-1）

表 11-1　任务分配表

职务	代码	姓名	工作内容
组长	A		
组员	B		
	C		
	D		
	E		

五、任务实施

（一）操作步骤

将表 11-2 中的工作内容进行排序，并填写所需的工具、设备、资料以及相关的注意事项。

表 11-2　操作步骤

项目名称	步骤	工作内容	工具、设备、资料	注意事项
准备工作	1	安装车辆防护工具		
	2	打开发动机舱盖，铺设翼子板布		
	3	检查举升机支撑臂是否处于正确位置，并将车辆举升至合适位置		
电控系统检查		连接故障诊断仪到车辆上的诊断接口，并打开自诊断，进入自动变速器系统		
		读取自动变速器故障存储器，查看有无故障码并记录，记录完毕清除故障码		
		若有故障码，应根据故障码对电控系统电气线路进行检查与修复		
		关闭点火开关，拔下自动变速器上的 16 针插接器，使用万用表分别检查各个电磁阀之间的阻值是否符合标准		

续表

项目名称	步骤	工作内容	工具、设备、资料	注意事项
电控系统检查		拔下自动变速器电子控制单元插接器，检查插接器上53、52、30、33、32、5、1、29、4号端子与自动变速器上的16针插接器16、12、8、9、4、2、3、7、11号端子之间的阻值，不应大于0.5Ω		
自动变速器油液检查		启动车辆并预热，使油温预热至35～45 ℃，将自动变速器换挡杆在每个位置均停留5 s后，移回P挡位置		
		保持发动机怠速运转，将车辆举升至合适位置，拧下自动变速器加油口螺栓，观察有无油液溢出。若无油液溢出，应进行补加；若有油液溢出，则使用容器盛接部分自动变速器油，对溢出的油液进行油质检查，若油质过差，则应更换自动变速器油		
液压控制系统检查		将车辆举升至合适位置，使用内六角扳手拆下自动变速器油底壳上的放油螺栓		
		油液放完后，将放油螺栓拧回油底壳并用抹布将放油口周围的油液擦拭干净，然后拆下自动变速器油底壳		
		使用专用工具拆下阀板上各个液压控制电磁阀的插接器，并拆下整条液压电磁阀线束		
		拆下自动变速器油滤清器，使用M16号扳手将阀板从自动变速器上拆下，并进行清洗		
		使用一字旋具拨动各个阀芯，观察其是否移动自如，有无卡滞现象		
		检查完毕，将阀体、自动变速器油滤清器、油底壳装复，并重新按标准添加自动变速器油		
整理		撤去翼子板布，关闭发动机舱盖并进行试车，验证故障是否排除		
		撤去车辆防护工具		

（二）实施记录

结合任务实施过程，对照表11-3中的检查项目，勾选出实际的检查结果。

表11-3　实施记录

项目		检查结果	备注
常规检查	换挡杆移动及显示	正常 □　故障（故障内容填写至备注）□	
	外观与线束	正常 □　故障（故障内容填写至备注）□	
电控系统检查	故障码	有（将故障码内容备注到右侧表格中）□　无 □	
	数据流	数据超出标准值（将具体内容填写至备注）□　正常 □	
	电气线路	正常 □　断路 □　短路 □	
	电磁阀	正常 □　故障 □	

续表

项目		检查结果	备注
油液及液压控制系统检查	液面高度	正常 □ 过高 □ 过低 □	
	油液质量	正常 □ 杂质过多 □ 黏度过低 □ 其他情况 □	
	阀体	正常 □ 卡滞 □ 松旷 □	

六、检查

（一）自检

结合本组任务操作过程，对任务执行过程中的操作规范性进行检查，如果存在问题，分析讨论应如何避免，并总结规范的操作方法（见表 11–4）。

表 11–4 自检

检查项目	结果
是否按规范操作举升机，是否注意人身安全	
是否对阀板进行拆卸、清洁并检查	
是否对自动变速器电气线路故障进行检查与修复	
是否找出故障原因并修复	
工作场地是否清洁，现场是否恢复	

（二）互检

组与组之间相互进行任务操作过程及结果检查，并把检查结果填写在表 11–5 中。

表 11–5 互检

检查项目	结果
是否按规范操作举升机，是否注意人身安全	
是否对阀板进行拆卸、清洁并检查	
是否对自动变速器电气线路故障进行检查与修复	
是否找出故障原因并修复	
工作场地是否清洁，现场是否恢复	

七、课堂小结

任务十二　自动变速器入挡冲击的故障检测与维修（二）

汽车自动变速器故障诊断与维修任务工单——油液检查						
客户信息	姓名			电话		
车辆信息	车型		VIN 码		行驶里程	
客户描述	入挡不走车 □　手动模式失灵 □　换挡杆无法解锁 □　自动变速器挡位错乱 □ 行驶缓慢 □　入挡闯车 □　自动变速器工作异响 □　自动变速器未保养 □ 其他：					
车辆外观检查			车辆内部检查			
凹凸 □			污渍 □			
划痕 □			破损 □			
石击 □			色斑 □			
油漆 □			变形 □			
明确具体工作任务						

任务目标

- 能够对自动变速器入挡冲击的故障原因进行分析
- 能够检查自动变速器入挡冲击故障

任务内容

- 自动变速器入挡冲击的故障原因分析
- 自动变速器入挡冲击的检查方法

续表

	● 自动变速器入挡冲击的故障原因分析
	● 自动变速器入挡冲击的检查方法

一、任务准备

在下列图片中勾选出完成本任务所需的工具、设备、资料等。

工具车	旋具套装	工具套件	汽车万用表线组
万用表	试灯	故障诊断设备	毛刷
抹布	旧油回收桶	举升机	自动变速器油
熔断器	维修手册	实训整车	

二、防护措施

1. 进入车间应穿工鞋、戴工帽；工作服应穿戴整齐；操作时不可佩戴手表等金属饰品，以防划伤车辆表面。

2. 举升车辆时应严格按照举升机使用方法进行操作，并通知其他人员远离举升设备。

3. 更换油液或配件时应做好油液和配件的回收清理工作，以免对工作环境造成污染。

识别下列三幅车间操作图片，勾选出操作正确的图片。

		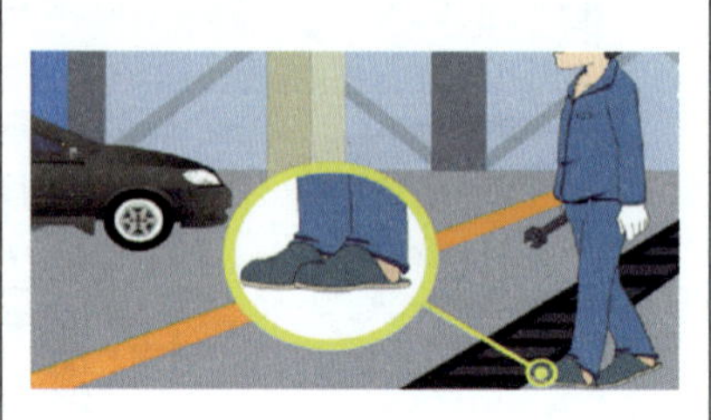

三、任务分配（见表 12-1）

表 12-1　任务分配表

职务	代码	姓名	工作内容
组长	A		
组员	B		
	C		
	D		
	E		

四、任务实施

（一）操作步骤

将表 12-2 中的工作内容进行排序，并填写所需的工具、设备、资料以及相关的注意事项。

表 12-2　操作步骤

项目名称	步骤	工作内容	工具、设备、资料	注意事项
准备工作	1	安装车辆防护工具		
	2	打开发动机舱盖，铺设翼子板布		
	3	检查举升机支撑臂是否处于正确位置，并将车辆举升至合适位置		

续表

项目名称	步骤	工作内容	工具、设备、资料	注意事项
电控系统检查		连接故障诊断仪到车辆上的诊断接口，并打开自诊断，进入自动变速器系统		
		读取自动变速器故障存储器，查看有无故障码并记录，记录完毕清除故障码		
		若有故障码，应根据故障码对电控系统电气线路进行检查与修复		
		关闭点火开关，拔下自动变速器上的 16 针插接器，使用万用表分别检查各个电磁阀之间的阻值是否符合标准		
		拔下自动变速器电子控制单元插接器，检查插接器上 53、52、30、33、32、5、1、29、4 号端子与自动变速器上的 16 针插接器 16、12、8、9、4、2、3、7、11 号端子之间的阻值，不应大于 0.5 Ω		
自动变速器油液检查		启动车辆并预热，使油温预热至 35 ~ 45 ℃，将自动变速器换挡杆在每个位置均停留 5 s 后，移回 P 挡位置		
		保持发动机怠速运转，将车辆举升至合适位置，拧下自动变速器加油口螺栓，观察有无油液溢出。若无油液溢出，应进行补加；若有油液溢出，则使用容器盛接部分自动变速器油，对溢出的油液进行油质检查，若油质过差，则应更换自动变速器油		
液压控制系统检查		将车辆举升至合适位置，使用内六角扳手拆下自动变速器油底壳上的放油螺栓		
		油液放完后，将放油螺栓拧回油底壳并用抹布将放油口周围的油液擦拭干净，然后拆下自动变速器油底壳		
		使用专用工具拆下阀板上各个液压控制电磁阀的插接器，并拆下整条液压电磁阀线束		
		拆下自动变速器油滤清器，使用 M16 号扳手将阀板从自动变速器上拆下，并进行清洗		
		使用一字旋具拨动各个阀芯，观察其是否移动自如，有无卡滞现象		
		检查完毕，将阀体、自动变速器油滤清器、油底壳装复，并重新添加按标准自动变速器油		
整理		撤去翼子板布，关闭发动机舱盖并进行试车，验证故障是否排除		
		撤去车辆防护工具		

（二）实施记录

结合任务实施过程，对照表 12-3 中的检查项目，勾选出实际的检查结果。

表 12-3　实施记录

项目		检查结果	备注
常规检查	换挡杆移动及显示	正常 □　故障（故障内容填写至备注）□	
	外观与线束	正常 □　故障（故障内容填写至备注）□	

续表

项目		检查结果	备注
电控系统检查	故障码	有（将故障码内容备注到右侧表格中）□　无 □	
	数据流	数据超出标准值（将具体内容填写至备注）□　正常 □	
	电气线路	正常 □　断路 □　短路 □	
	电磁阀	正常 □　故障 □	
油液及液压控制系统检查	液面高度	正常 □　过高 □　过低 □	
	油液质量	正常 □　杂质过多 □　黏度过低 □　其他情况 □	
	阀体	正常 □　卡滞 □　松旷 □	

五、检查

（一）自检

结合本组任务操作过程，对任务执行过程中的操作规范性进行检查，如果存在问题，分析讨论应如何避免，并总结规范的操作方法（见表 12-4）。

表 12-4　自检

检查项目	结果
是否按规范操作举升机，是否注意人身安全	
是否对阀板进行拆卸、清洁并检查	
是否对自动变速器电气线路故障进行检查与修复	
是否找出故障原因并修复	
工作场地是否清洁，现场是否恢复	

（二）互检

组与组之间相互进行任务操作过程及结果检查，并把检查结果填写在表 12-5 中。

表 12-5　互检

检查项目	结果
是否按规范操作举升机，是否注意人身安全	
是否对阀板进行拆卸、清洁并检查	
是否对自动变速器电气线路故障进行检查与修复	
是否找出故障原因并修复	
工作场地是否清洁，现场是否恢复	

六、课堂小结

任务十三　自动变速器起步无力的故障检测与维修（一）

<table>
<tr><td colspan="6">汽车自动变速器故障诊断与维修任务工单——电控系统自诊断</td></tr>
<tr><td>客户信息</td><td>姓名</td><td></td><td>电话</td><td colspan="2"></td></tr>
<tr><td rowspan="2">车辆信息</td><td colspan="2">车型</td><td colspan="2">VIN 码</td><td>行驶里程</td></tr>
<tr><td colspan="2"></td><td colspan="2"></td><td></td></tr>
<tr><td>客户描述</td><td colspan="5">入挡不走车 □　手动模式失灵 □　换挡杆无法解锁 □　自动变速器挡位错乱 □
行驶缓慢 □　入挡闯车 □　自动变速器工作异响 □　自动变速器未保养 □
其他：</td></tr>
<tr><td colspan="2">车辆外观检查</td><td colspan="4">车辆内部检查</td></tr>
<tr><td>凹凸 □
划痕 □
石击 □
油漆 □</td><td></td><td colspan="2">污渍 □
破损 □
色斑 □
变形 □</td><td colspan="2"></td></tr>
<tr><td>明确具体工作任务</td><td colspan="5"></td></tr>
<tr><td>任务目标</td><td colspan="5">● 能够对自动变速器起步无力的故障原因进行分析
● 能够对自动变速器起步无力的故障进行检查
● 能够对自动变速器起步无力的故障进行修复或制订修复计划</td></tr>
<tr><td>任务内容</td><td colspan="5">● 自动变速器起步无力的故障原因分析
● 自动变速器起步无力的检查方法</td></tr>
</table>

续表

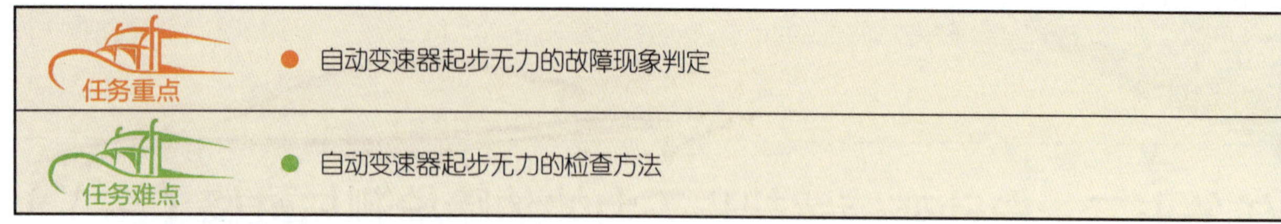

一、知识讲解

（一）自动变速器起步无力的原因

1. 油液液位过低

自动变速器油液面过低可能会导致液压控制系统中进入空气，从而导致执行元件接合压力不够，使之产生滑动，影响传动效率。

2. 油液质量过差

自动变速器油质量过差可能会造成自动变速器液压控制系统堵塞，导致主油压过低；或造成滑阀卡滞，控制油路开启过小，导致执行元件因接合压力低于正常值而打滑。另外，自动变速器油液黏度下降也可能会导致执行元件因摩擦力不够而打滑。

3. 主油压过低

自动变速器油泵泵油能力下降、液压系统密封不严、电控系统电磁阀损坏或泄漏都可能导致变速器主油压过低，使所有执行元件接合压力不足而打滑，导致自动变速器传递效率下降，车辆起步无力。

4. 执行元件损坏

执行元件中的活塞密封性能下降、摩擦片老化、摩擦物质脱落都可能导致执行元件打滑，使传动效率下降，车辆起步无力。另外，活塞卡滞、回位弹簧折断还可能导致执行元件不回位，对其他执行元件的工作造成干扰。

5. 执行元件运动干涉

不应该进入工作状态的执行元件由于液压控制系统内部管路串通或泄压不畅导致执行元件无法释放，仍然处于摩擦或半摩擦状态，对其他正在工作的执行元件造成干涉，导致自动变速器动力传递效率下降。

6. 电控系统故障

（1）电控系统线路故障

电控系统出现线路故障可能会导致液压控制电磁阀开启不足或关闭不严，从而导致液压系统内部油路故障，使某个执行元件无法工作或产生运动干涉。

（2）电控系统电子控制单元故障

电子控制单元故障导致电控系统控制出错，电磁阀工作顺序产生错乱。

（二）自动变速器起步无力的故障原因分析

1. 前进挡起步无力的原因分析

当自动变速器的换挡杆挂入 D1 挡位置时，自动变速器参与工作的执行元件主要为离合器 A、制动器 G 和单向离合器 F，参与工作的电磁阀主要为 N88、N89、N91 和 N93，工作示意图如图 13–1

所示。

液压控制原理图（D1 挡）如图 13–2 所示。N88 主要负责将换挡阀 1 推向左侧，切断通往换挡阀 2 和单向离合器 F 的油路。N89 则推动换挡阀 2，切断通往制动器 D 的油路。N93 主要负责接通制动器 G 的油路，同时对通往油路的油压进行调节控制，以调节制动器 G 的接合压力。N91 主要负责调节液压控制系统主油压，在每个挡位都参与工作。

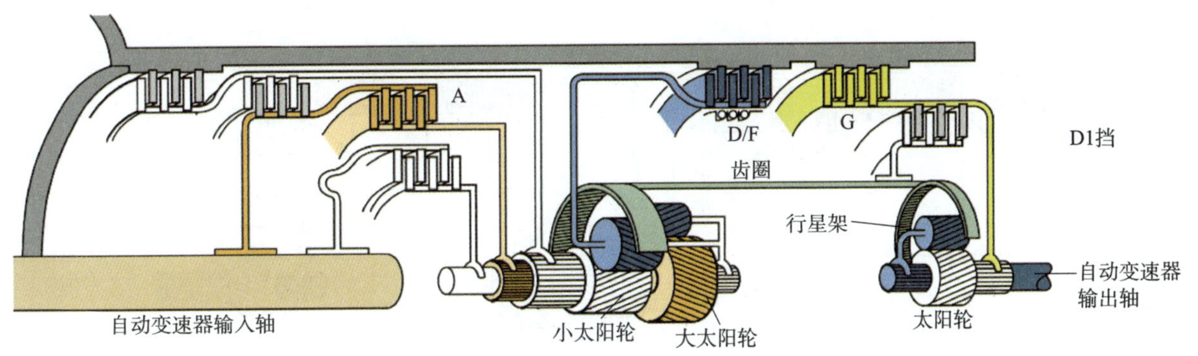

图 13–1　D1 挡工作示意图

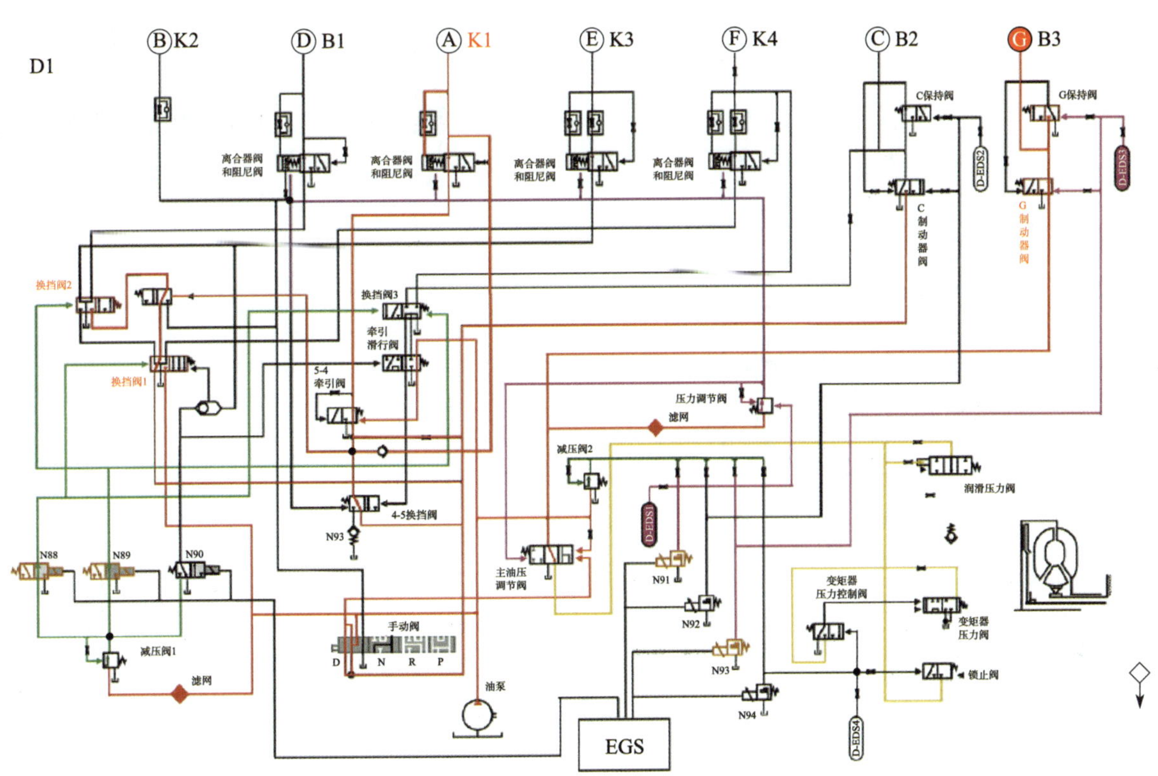

图 13–2　液压控制原理图（D1 挡）

由液压控制原理可以看出，N88 或 N89 任何一个出现泄漏或电气故障都会导致自动变速器内部执行元件运动干涉，而 N93 出现故障则可能导致制动器 G 无法接合或接合力不够。除此之外，其中任何一个机械阀出现卡滞都可能导致执行元件油压过小或运动干涉。

2. 倒挡起步无力的原因分析

当自动变速器的换挡杆挂入 R 挡位置时，自动变速器参与工作的执行元件主要为离合器 B、制动器 D 和制动器 G，参与工作的电磁阀主要为 N88、N91 和 N93。工作示意图如图 13-3 所示。

液压控制原理图（R 挡）如图 13-4 所示。N88 工作，接通换挡阀 1 左侧油路，将换挡阀 1 右移，防止单向离合器 F 工作。N93 工作，接通制动器 G 的控制油路，使制动器 G 接合。

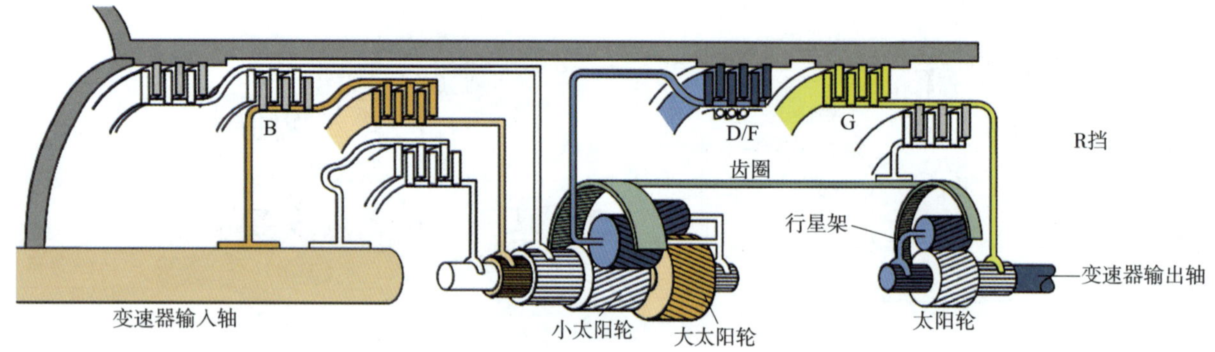

图 13-3　R 挡工作示意图

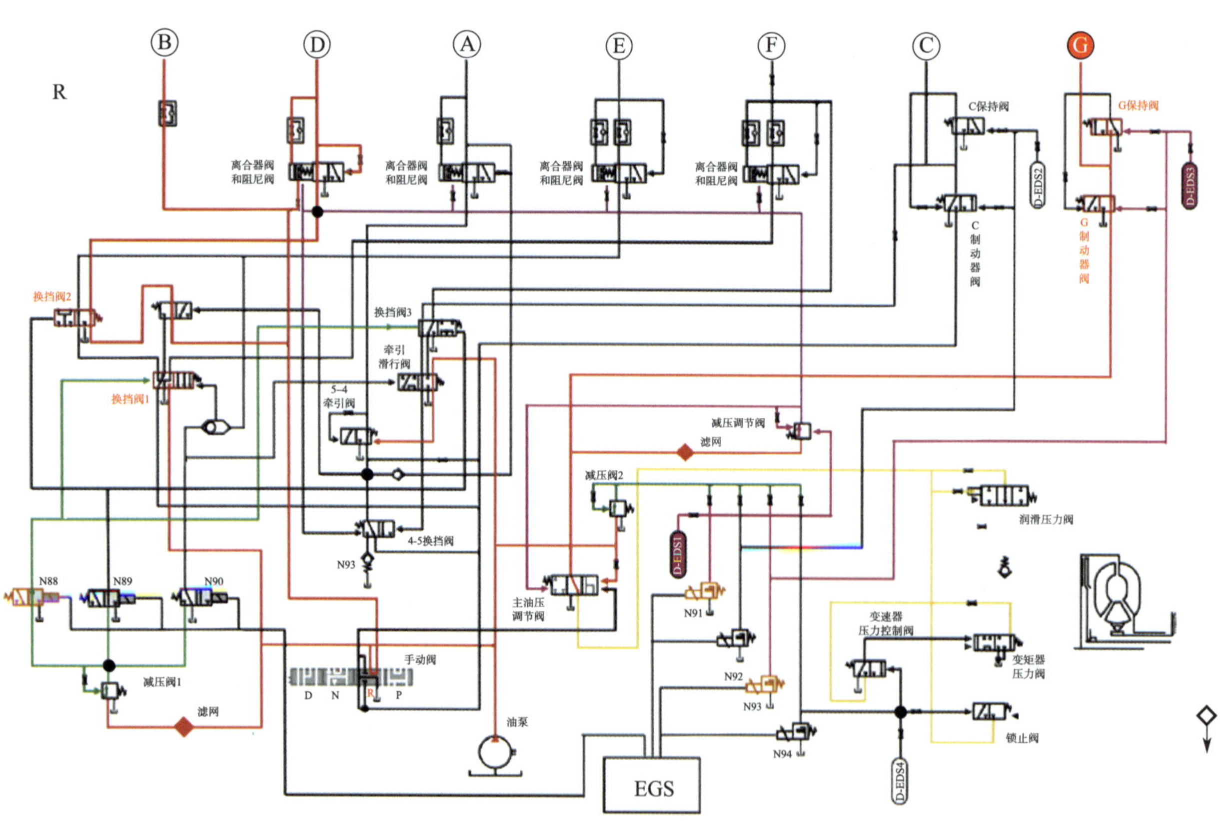

图 13-4　液压控制原理图（R 挡）

由液压控制原理可以看出，倒挡时，N88 与 N93 的作用与 D1 挡时相同。若 N88 出现泄漏或电气故障，则将导致单向离合器 F 处于接合或半接合状态，对后行星齿轮机构造成运动干扰；若 N93 出现故障，则可能导致制动器 G 接合压力不够，从而使自动变速器内部打滑。

综上所述，当自动变速器出现起步无力的现象时，应重点检查以下内容：

（1）D1 挡或 R 挡的控制电磁阀及其电气线路。

（2）D1 挡或 R 挡各个执行元件的控制油路以及执行元件的好坏。

（三）起步无力的检查方法

1. 当自动变速器出现入挡行驶缓慢的现象时，应先对自动变速器进行基本检查，保证自动变速器油液无泄漏且油质符合使用标准。

2. 使用故障诊断设备对自动变速器控制系统进行自诊断，查询自动变速器系统有无故障码，读取数据流并与维修手册中的标准对比，查看自动变速器油温、自动变速器输入 / 输出转速及各个电磁阀工作有无异常。

3. 使用万用表检测自动变速器控制系统电气线路、各个电气元件的电阻或电压，检查各个插接器有无异常。

4. 若电气线路检查和外观检查等都无问题，则应拆下油底壳及阀体总成，检查并清洗，然后检查阀体内部各个滑阀是否移动自如，目视检查各个执行元件有无烧蚀等情况。

二、任务准备

在下列图片中勾选出完成本任务所需的工具、设备、资料等。

工具车	旋具套装	工具套件	汽车万用表线组
万用表	试灯	故障诊断设备	毛刷
抹布	旧油回收桶	举升机	自动变速器油

熔断器	维修手册	实训整车

三、防护措施

1. 进入车间应穿工鞋、戴工帽；工作服应穿戴整齐；操作时不可佩戴手表等金属饰品，以防划伤车辆表面。

2. 举升车辆时应严格按照举升机使用方法进行操作，并通知其他人员远离举升设备。

3. 更换油液或配件时应做好油液和配件的回收清理工作，以免对工作环境造成污染。

识别下列三幅车间操作图片，勾选出操作正确的图片。

四、任务分配（见表 13-1）

表 13-1　任务分配表

职务	代码	姓名	工作内容
组长	A		
组员	B		
	C		
	D		
	E		

五、任务实施

（一）操作步骤

将表 13-2 中的工作内容进行排序，并填写所需的工具、设备、资料以及相关的注意事项。

表 13-2 操作步骤

项目名称	步骤	工作内容	工具、设备、资料	注意事项
准备工作	1	安装车辆防护工具		
	2	打开发动机舱盖，铺设翼子板布		
	3	检查举升机支撑臂是否处于正确位置，并将车辆举升至合适位置		
自动变速器外观及油液检查		启动车辆并预热，使油温预热至 35 ~ 45 ℃，将自动变速器换挡杆在每个位置均停留 5 s 后移回 P 挡位置		
		保持发动机怠速运转，将车辆举升至合适位置，检查自动变速器油底壳有无变形、裂纹及渗漏		
		拧下自动变速器加油口螺栓，观察有无油液溢出。若无油液溢出，应进行补加；若有油液溢出，则使用容器盛接部分自动变速器油，对溢出的油液进行油质检查，若油质过差，则应更换自动变速器油		
自动变速器电控系统自诊断		连接故障诊断仪到车辆上的诊断接口，打开自诊断，进入自动变速器系统		
		读取自动变速器故障存储器，查看有无故障码并记录，记录完毕清除故障码		
		启动车辆，将自动变速器分别挂入 D 挡和 R 挡，然后读取 005 组数据块内容，观察 N88、N89、N90 三个电磁阀工作是否正常		
		读取 006 组数据块内容，检查 N91、N92、N93 三个压力调节阀的工作状态和工作电流是否正常。若读取数据流发现异常，则应对电磁阀控制线路进行进一步检查		
自动变速器电控系统检查		关闭点火开关，拔下自动变速器上的 16 针插接器，使用万用表分别检查各个电磁阀之间的阻值是否符合标准		
		拔下自动变速器电子控制单元插接器，检查插接器上 53、52、30、33、32、5、1、29、4 号端子与自动变速器上的 16 针插接器 16、12、8、9、4、2、3、7、11 号端子之间的阻值，不应大于 0.5 Ω		
液压控制系统检查		将车辆举升至合适位置，使用内六角扳手拆下自动变速器油底壳上的放油螺栓		
		油液放完后，将放油螺栓拧回油底壳并用抹布将放油口周围油液擦拭干净，然后拆下自动变速器油底壳		
		使用专用工具拆下阀板上各个液压控制电磁阀的插接器，并拆下整条液压电磁阀线束		
		拆下自动变速器油滤清器，使用 M16 号扳手将阀板从自动变速器上拆下，观察自动变速器内部制动器或离合器有无烧蚀现象		
		清洗阀板总成，并使用一字旋具拨动各个阀芯，观察其是否移动自如，有无卡滞现象		
		检查完毕，将阀体、自动变速器油滤清器、油底壳装复，并重新添加自动变速器油		

续表

项目名称	步骤	工作内容	工具、设备、资料	注意事项
整理		撤去翼子板布，关闭发动机舱盖并进行试，验证故障是否排除		
		撤去车辆防护工具		

（二）实施记录

结合任务实施过程，对照表 13–3 中的检查项目，勾选出实际的检查结果。

表 13–3　实施记录

项目		检查结果	备注
常规检查	换挡杆移动及显示	正常 □　故障（故障内容填写至备注）□	
	外观与线束	正常 □　故障（故障内容填写至备注）□	
电控系统检查	故障码	有（将故障码内容备注到右侧表格中）□　无 □	
	数据流	数据超出标准值（将具体内容填写至备注）□　正常 □	
	电气线路	正常 □　断路 □　短路 □	
	电磁阀	正常 □　故障 □	
油液及液压控制系统检查	液面高度	正常 □　过高 □　过低 □	
	油液质量	正常 □　杂质过多 □　黏度过低 □　其他情况 □	
	阀体	正常 □　卡滞 □　松旷 □	

六、检查

（一）自检

结合本组任务操作过程，对任务执行过程中的操作规范性进行检查，如果存在问题，分析讨论应如何避免，并总结规范的操作方法（见表 13–4）。

表 13–4　自检

检查项目	结果
是否按规范操作举升机，是否注意人身安全	
是否对阀板进行拆卸、清洁并检查	
是否对自动变速器电气线路故障进行检查与修复	
是否找出故障原因并修复	
工作场地是否清洁，现场是否恢复	

（二）互检

组与组之间相互进行任务操作过程及结果检查，并把检查结果填写在表 13–5 中。

表 13-5 互检

检查项目	结果
是否按规范操作举升机，是否注意人身安全	
是否对阀板进行拆卸、清洁并检查	
是否对自动变速器电气线路故障进行检查与修复	
是否找出故障原因并修复	
工作场地是否清洁，现场是否恢复	

七、课堂小结

任务十四　自动变速器起步无力的故障检测与维修（二）

汽车自动变速器故障诊断与维修任务工单——油压检查				
客户信息	姓名		电话	
车辆信息	车型	VIN 码	行驶里程	
客户描述	入挡不走车 □　手动模式失灵 □　换挡杆无法解锁 □　自动变速器挡位错乱 □ 行驶缓慢 □　入挡闯车 □　自动变速器工作异响 □　自动变速器未保养 □ 其他：			

车辆外观检查		车辆内部检查	
凹凸 □		污渍 □	
划痕 □		破损 □	
石击 □		色斑 □	
油漆 □		变形 □	
明确具体工作任务			

任务目标

- 能够对自动变速器起步无力的故障原因进行分析
- 能够对自动变速器起步无力的故障进行检查
- 能够对自动变速器起步无力的故障进行修复或制订修复计划

任务内容

- 自动变速器起步无力的故障原因分析
- 自动变速器起步无力的检查方法

续表

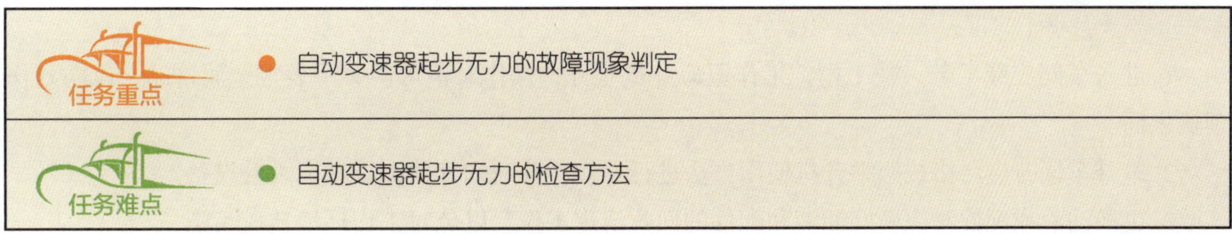

任务重点	● 自动变速器起步无力的故障现象判定
任务难点	● 自动变速器起步无力的检查方法

一、任务准备

在下列图片中勾选出完成本任务所需的工具、设备、资料等。

工具车	旋具套装	工具套件	汽车万用表线组
万用表	试灯	故障诊断设备	毛刷
抹布	旧油回收桶	举升机	自动变速器油
熔断器	维修手册	实训整车	

二、防护措施

1. 进入车间应穿工鞋、戴工帽；工作服应穿戴整齐；操作时不可佩戴手表等金属饰品，以防划伤车辆表面。

2. 举升车辆时应严格按照举升机使用方法进行操作，并通知其他人员远离举升设备。

3. 更换油液或配件时应做好油液和配件的回收清理工作，以免对工作环境造成污染。

识别下列三幅车间操作图片，勾选出操作正确的图片。

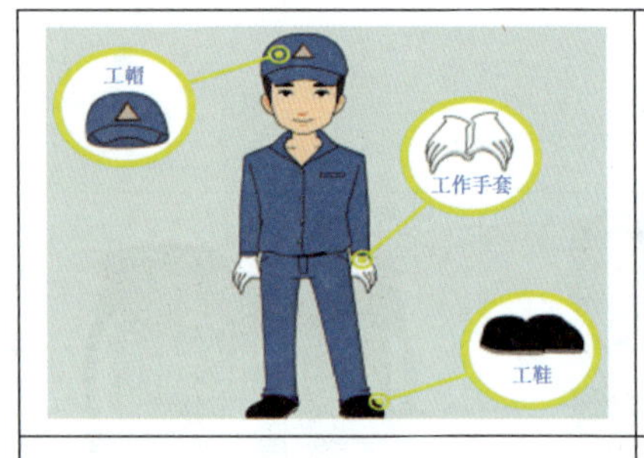		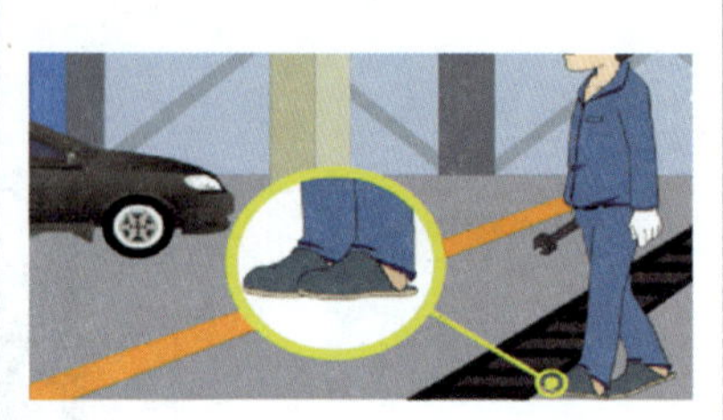

三、任务分配（见表 14-1）

表 14-1　任务分配表

职务	代码	姓名	工作内容
组长	A		
组员	B		
	C		
	D		
	E		

四、任务实施

（一）操作步骤

将表 14–2 中的工作内容进行排序，并填写所需的工具、设备、资料以及相关的注意事项。

表 14–2　操作步骤

项目名称	步骤	工作内容	工具、设备、资料	注意事项
准备工作	1	安装车辆防护工具		
	2	打开发动机舱盖，铺设翼子板布		
	3	检查举升机支撑臂是否处于正确位置，并将车辆举升至合适位置		

续表

项目名称	步骤	工作内容	工具、设备、资料	注意事项
自动变速器外观及油液检查		启动车辆并预热，使油温预热至 35～45 ℃，将自动变速器换挡杆在每个位置均停留 5 s 后移回 P 挡位置		
		保持发动机怠速运转，将车辆举升至合适位置，检查自动变速器油底壳有无变形、裂纹及渗漏		
		拧下自动变速器加油口螺栓，观察有无油液溢出。若无油液溢出，应进行补加；若有油液溢出，则使用容器盛接部分自动变速器油，对溢出的油液进行油质检查，若油质过差，则应更换自动变速器油		
自动变速器电控系统自诊断		连接故障诊断仪到车辆上的诊断接口，打开自诊断，进入自动变速器系统		
		读取自动变速器故障存储器，查看有无故障码并记录，记录完毕清除故障码		
		启动车辆，将自动变速器分别挂入 D 挡和 R 挡，然后读取 005 组数据块内容，观察 N88、N89、N90 三个电磁阀工作是否正常		
		读取 006 组数据块内容，检查 N91、N92、N93 三个压力调节阀的工作状态和工作电流是否正常。若读取数据流发现异常，则应对电磁阀控制线路进行进一步检查		
自动变速器电控系统检查		关闭点火开关，拔下自动变速器上的 16 针插接器，使用万用表分别检查各个电磁阀之间的阻值是否符合标准		
		拔下自动变速器电子控制单元插接器，检查插接器上 53、52、30、33、32、5、1、29、4 号端子与自动变速器上的 16 针插接器 16、12、8、9、4、2、3、7、11 号端子之间的阻值，不应大于 0.5 Ω		
液压控制系统检查		将车辆举升至合适位置，使用内六角扳手拆下自动变速器油底壳上的放油螺栓		
		油液放完后，将放油螺栓拧回油底壳并用抹布将放油口周围油液擦拭干净，然后拆下自动变速器油底壳		
		使用专用工具拆下阀板上各个液压控制电磁阀的插接器，并拆下整条液压电磁阀线束		
		拆下自动变速器油滤清器，使用 M16 号扳手将阀板从自动变速器上拆下，观察自动变速器内部制动器或离合器有无烧蚀现象		
		清洗阀板总成，并使用一字旋具拨动各个阀芯，观察其是否移动自如，有无卡滞现象		
		检查完毕，将阀体、自动变速器油滤清器、油底壳装复，并重新添加自动变速器油		
整理		撤去翼子板布，关闭发动机舱盖并进行试车，验证故障是否排除		
		撤去车辆防护工具		

（二）实施记录

结合任务实施过程，对照表 14–3 中的检查项目，勾选出实际的检查结果。

表 14–3 实施记录

项目		检查结果	备注
常规检查	换挡杆移动及显示	正常 □ 故障（故障内容填写至备注）□	
	外观与线束	正常 □ 故障（故障内容填写至备注）□	
电控系统检查	故障码	有（将故障码内容备注到右侧表格中）□ 无 □	
	数据流	数据超出标准值（将具体内容填写至备注）□ 正常 □	
	电气线路	正常 □ 断路 □ 短路 □	
	电磁阀	正常 □ 故障 □	
油液及液压控制系统检查	液面高度	正常 □ 过高 □ 过低 □	
	油液质量	正常 □ 杂质过多 □ 黏度过低 □ 其他情况 □	
	阀体	正常 □ 卡滞 □ 松旷 □	

五、检查

（一）自检

结合本组任务操作过程，对任务执行过程中的操作规范性进行检查，如果存在问题，分析讨论应如何避免，并总结规范的操作方法（见表 14–4）。

表 14–4 自检

检查项目	结果
是否按规范操作举升机，是否注意人身安全	
是否对阀板进行拆卸、清洁并检查	
是否对自动变速器电气线路故障进行检查与修复	
是否找出故障原因并修复	
工作场地是否清洁，现场是否恢复	

（二）互检

组与组之间相互进行任务操作过程及结果检查，并把检查结果填写在表 14–5 中。

表 14–5 互检

检查项目	结果
是否按规范操作举升机，是否注意人身安全	
是否对阀板进行拆卸、清洁并检查	

续表

检查项目	结果
是否对自动变速器电气线路故障进行检查与修复	
是否找出故障原因并修复	
工作场地是否清洁，现场是否恢复	

六、课堂小结

任务十五　自动变速器电控系统故障诊断与维修（一）

<table>
<tr><td colspan="6">汽车自动变速器故障诊断与维修任务工单——传感器、电磁阀检查</td></tr>
<tr><td>客户信息</td><td>姓名</td><td colspan="2"></td><td>电话</td><td></td></tr>
<tr><td rowspan="2">车辆信息</td><td colspan="2">车型</td><td colspan="2">VIN 码</td><td>行驶里程</td></tr>
<tr><td colspan="2"></td><td colspan="2"></td><td></td></tr>
<tr><td>客户描述</td><td colspan="5">入挡不走车 □　手动模式失灵 □　换挡杆无法解锁 □　自动变速器挡位错乱 □
行驶缓慢 □　入挡闯车 □　自动变速器工作异响 □　自动变速器未保养 □
其他：</td></tr>
<tr><td colspan="3">车辆外观检查</td><td colspan="3">车辆内部检查</td></tr>
<tr><td>凹凸 □</td><td colspan="2" rowspan="4"></td><td>污渍 □</td><td colspan="2" rowspan="4"></td></tr>
<tr><td>划痕 □</td><td>破损 □</td></tr>
<tr><td>石击 □</td><td>色斑 □</td></tr>
<tr><td>油漆 □</td><td>变形 □</td></tr>
<tr><td>明确具体工作任务</td><td colspan="5"></td></tr>
<tr><td>任务目标</td><td colspan="5">● 能够对自动变速器电控系统进行自诊断
● 能够对自动变速器电控系统各传感器与执行器进行电气线路检查
● 能够对多功能开关进行故障检查并对其进行修复</td></tr>
<tr><td>任务内容</td><td colspan="5">● 自动变速器电控系统的组成
● 自动变速器电控系统各传感器与执行器的作用
● 多功能开关的作用与原理
● 自动变速器电子控制单元紧急运行模式
● 自动变速器电控系统故障的检修方法</td></tr>
</table>

续表

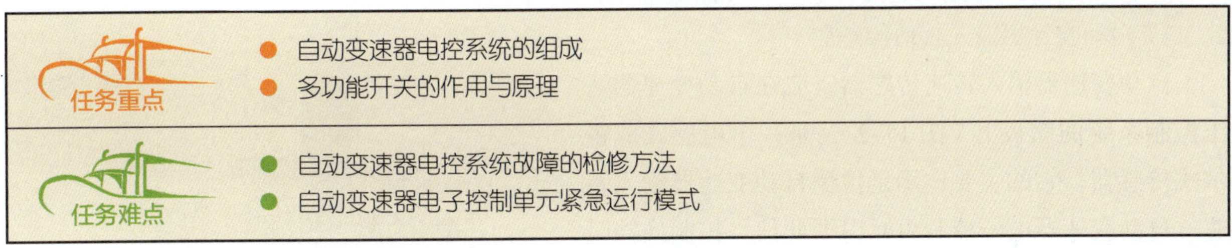

任务重点	● 自动变速器电控系统的组成 ● 多功能开关的作用与原理
任务难点	● 自动变速器电控系统故障的检修方法 ● 自动变速器电子控制单元紧急运行模式

一、知识讲解

（一）自动变速器电控系统的组成

与发动机电控系统相同，自动变速器电控系统主要由传感器、电子控制单元和执行器等组成，如图 15-1 所示。

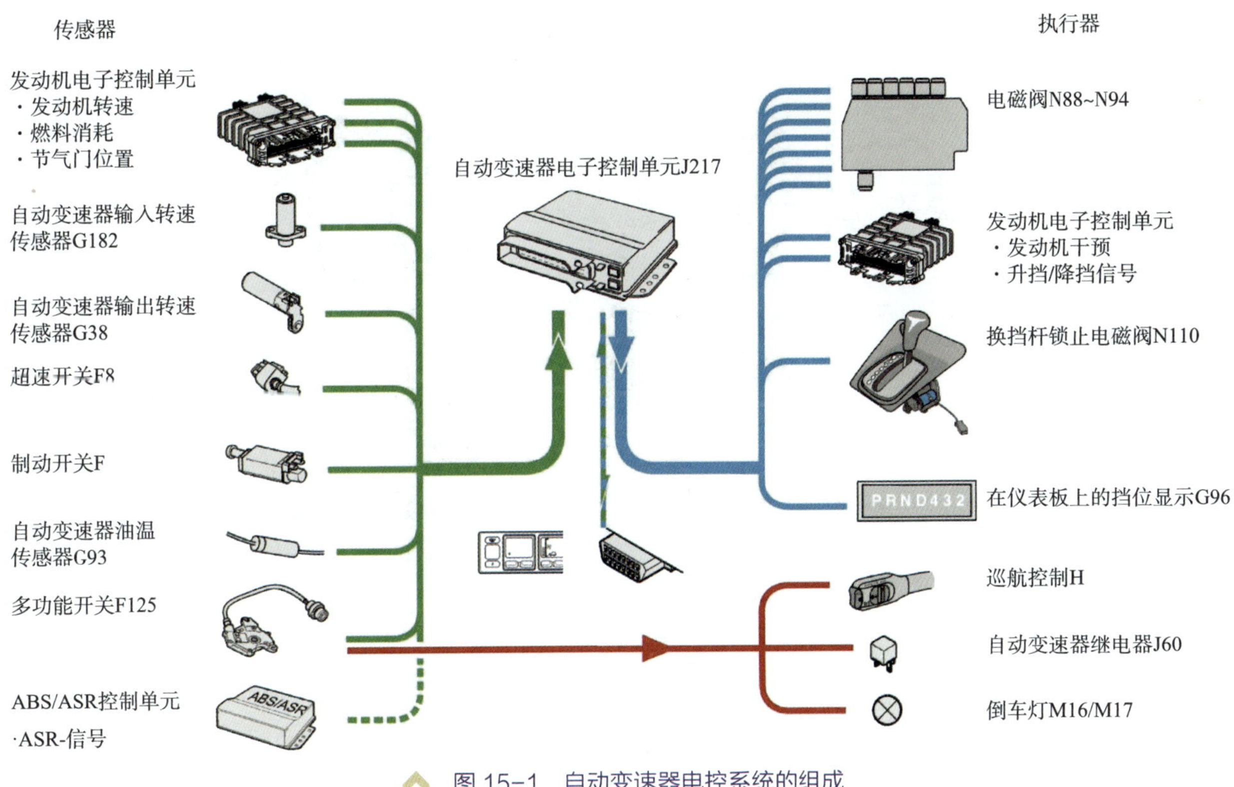

图 15-1 自动变速器电控系统的组成

传感器主要有自动变速器输入转速传感器、自动变速器输出转速传感器、超速开关、制动开关、自动变速器油温传感器和多功能开关等。自动变速器通过车载网络获取发动机电子控制单元上的节气门位置信号、发动机转速信号和喷油时间信号，另外，ABS/ASR 系统还会向自动变速器电子控制单元发送 ASR 驱动防滑执行信号。

自动变速器的执行元件主要有换挡杆锁止电磁阀、液压控制电磁阀和仪表上的自动变速器挡位显示面板。

（二）自动变速器电控系统各传感器的作用

1. 自动变速器输入转速传感器

自动变速器输入转速传感器安装在自动变速器液压控制系统的阀板上（图 15-2），是一个电感式或霍尔式传感器。它的主要作用是检测自动变速器输入转速。自动变速器电子控制单元根据此信号控制换挡时的平顺性。若此传感器出现故障，则自动变速器电控系统进入紧急运行状态。

图 15-2　自动变速器输入转速传感器安装位置

2. 自动变速器输出转速传感器

自动变速器输出转速传感器安装在自动变速器主减速器的输入轴上或四驱车辆的中间差速器位置（图 15-3），是一个电感式传感器。它的主要作用是检测自动变速器输出转速。自动变速器电子控制单元根据此信号判断应该切换至哪一个挡位，以及调节和控制换挡时的油压。若此传感器出现故障，则自动变速器电控系统进入紧急运行状态。

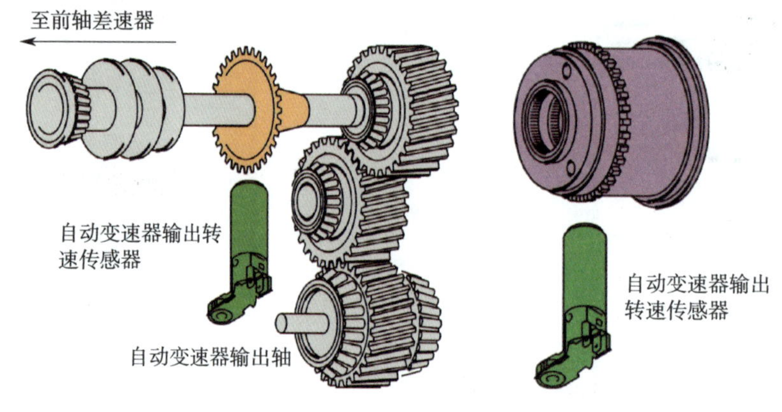

图 15-3　自动变速器输出转速传感器安装位置

3. 超速开关

超速开关集成在油门拉线上，安装于发动机舱防火墙位置（图 15-4）。油门踏板深度约 80% 时，超速开关闭合，向自动变速器提供加速信号，自动变速器电子控制单元根据此信号控制自动变速器降挡，以获得更大的输出扭矩。采用电子节气门后，此开关被发动机油门踏板速率信号代替。

4. 制动开关

制动开关安装在制动踏板上方（图 15-5）。它的主要作用是向自动变速器电子控制单元提供“制动踏板已踏下”的信号，控制单元根据此信号控制换挡杆锁止电磁阀解除换挡杆锁止；车辆处于减速行驶时，控制单元根据此信号控制自动变速器换回低速挡。

5. 自动变速器油温传感器

自动变速器油温传感器安装在液压控制系统电磁阀的线束内部（图 15-6）。它的主要作用是监测自动变速器油的温度，防止自动变速器过热。若油温达到 120 ℃以上，则自动变速器电子控制单元将控制液力变矩器中的锁止离合器提前进入锁止状态。

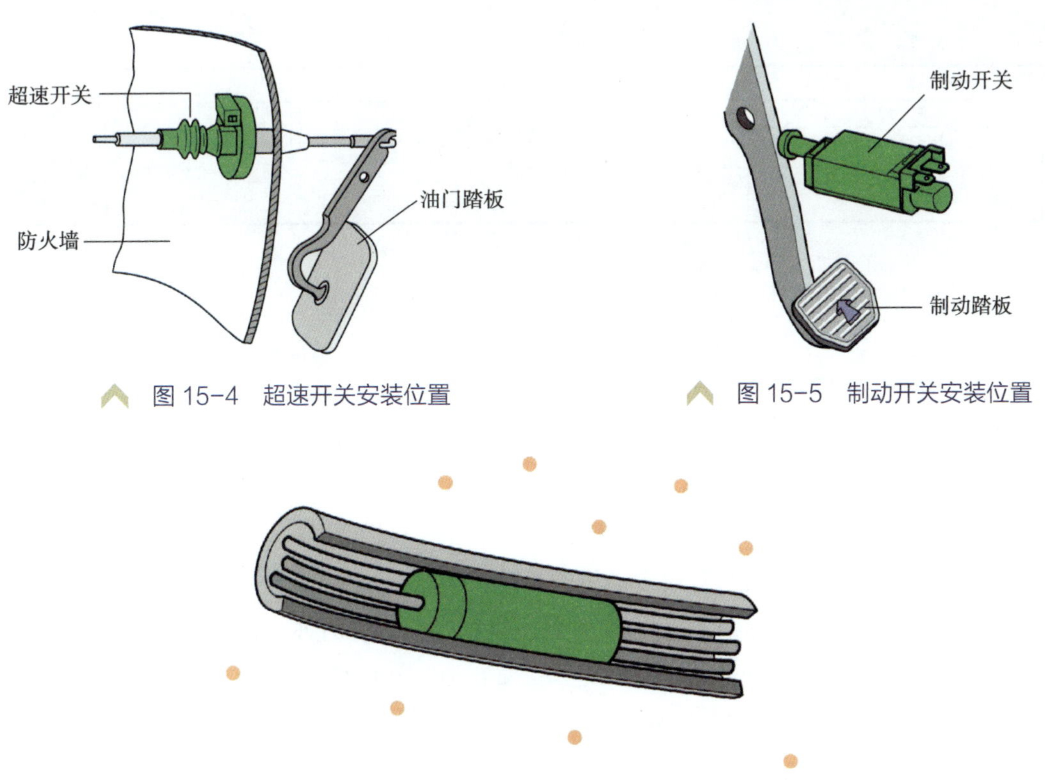

图 15-4 超速开关安装位置

图 15-5 制动开关安装位置

图 15-6 油温传感器安装位置

6. 多功能开关

多功能开关安装在自动变速器壳体上，通过自动变速器挡轴驱动（图 15-7）。它的主要作用是向自动变速器电子控制单元传递自动变速器换挡杆位置信息；另外，它还控制倒车灯电路及自动变速器继电器电源。

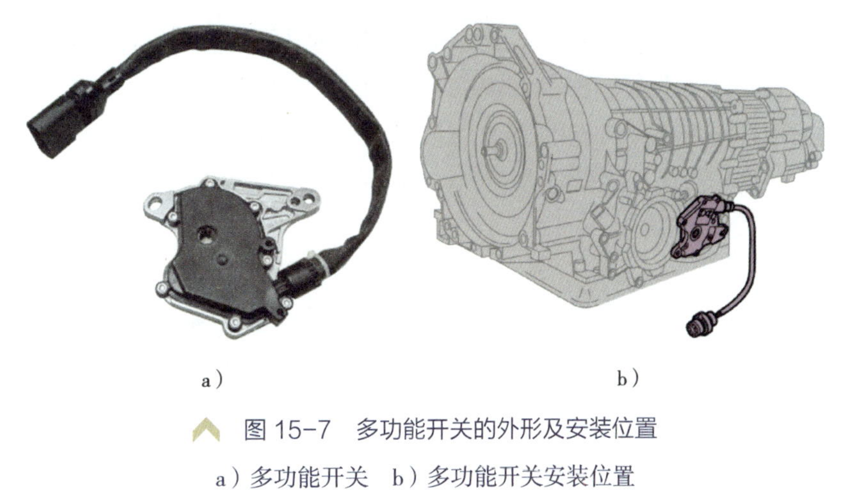

图 15-7 多功能开关的外形及安装位置

a）多功能开关 b）多功能开关安装位置

当操纵自动变速器换挡杆移动时，换挡杆拉索拉动换挡轴转动，换挡轴驱动多功能开关中的扇形触点开关转动，在不同位置时接通多功能开关中的不同触点，根据不同的开关组合向控制单元传递换挡杆位置信号，另外两组开关则分别控制倒车灯电路和自动变速器继电器电源。多功能开关内部原理图如图 15-8 所示。

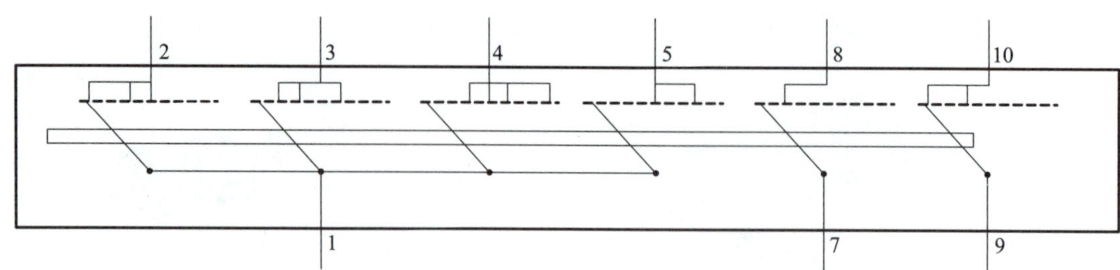

图 15-8 多功能开关内部原理图

7. 发动机电子控制单元提供的传感器信号

发动机电子控制单元主要向自动变速器电子控制单元传送发动机转速信号、喷油时间信号和节气门位置信号。

自动变速器电子控制单元根据发动机转速信号确定换挡时的油压，以实现平顺换挡；自动变速器电子控制单元根据喷油时间信号计算出发动机的瞬时扭矩，通过节气门位置信号计算出发动机的负荷，再与自动变速器输出转速信号相比较，计算出最佳换挡时间点；另外，自动变速器电子控制单元还会根据节气门开启速率计算换挡曲线，用以替代“超速开关”判定是否加速行驶。

8. ABS/ASR 控制单元提供的信号

ABS/ASR 控制单元主要向自动变速器电子控制单元提供 ASR 驱动防滑信号，自动变速器电子控制单元收到此信号后推迟换挡点，减少换挡次数，以支持防滑控制单元的工作。

（三）自动变速器电控系统各执行元件的作用

1. 液压控制电磁阀

液压控制电磁阀安装在自动变速器内部液压控制系统的阀板上（图 15-9）。它的主要作用是将自动变速器电子控制单元的控制信号转变为液压压力，从而对自动变速器内部的离合器和制动器进行液压控制。

其中，电磁阀 N88 ~ N90 为开关电磁阀，只有开和关两种状态，主要负责控制自动变速器内部前行星齿轮机构上各个执行元件的工作。电磁阀 N91 ~ N94 为线性电磁阀，能够根据控制电流的大小调节电磁阀的开度，从而对液压压力进行调节和控制。N91 负责调节自动变速器内部的主油压力；N92 和 N93 则分别控制后行星齿轮机构上离合器与制动器的接合和分离，并对它们接合时的压力进行调节；N94 的

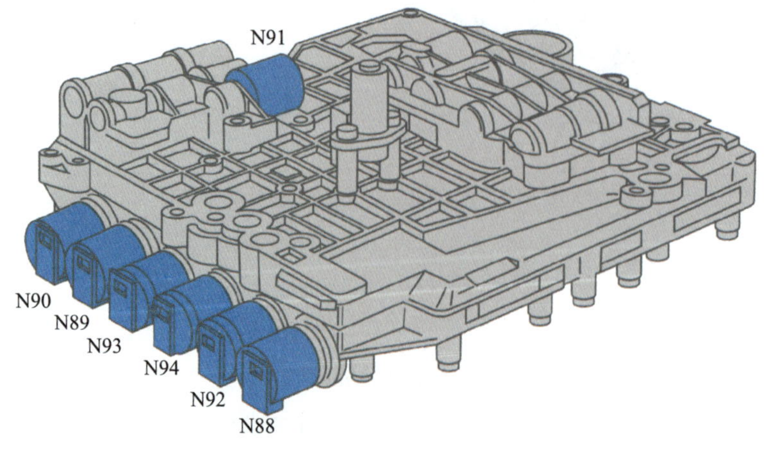

图 15-9 液压控制电磁阀安装位置

主要作用是控制液力变矩器中锁止离合器的接合，以及对自动变速器内部的润滑油压进行调节和控制。

2. 换挡杆锁止电磁阀

换挡杆锁止电磁阀的主要作用是将变速器换挡杆锁止在 P 挡或 N 挡位置，防止在车辆静止时不踩刹车的情况下，因误操作导致自动变速器换挡杆挂入动力挡使车辆移动，从而引发事故。换挡杆锁止电磁阀安装位置如图 15–10 所示。

3. 仪表换挡杆位置指示器

换挡杆位置指示器安装在仪表盘中间部位（图 15–11）。它的主要作用是显示自动变速器换挡杆所在位置。若换挡杆位置指示器不亮，则可能是自动变速器电子控制单元损坏或与仪表控制单元的通信线路损坏；若换挡杆位置指示器变为所有挡位都亮，则说明自动变速器电子控制单元内部有故障码，且自动变速器电控系统已进入紧急运行模式。

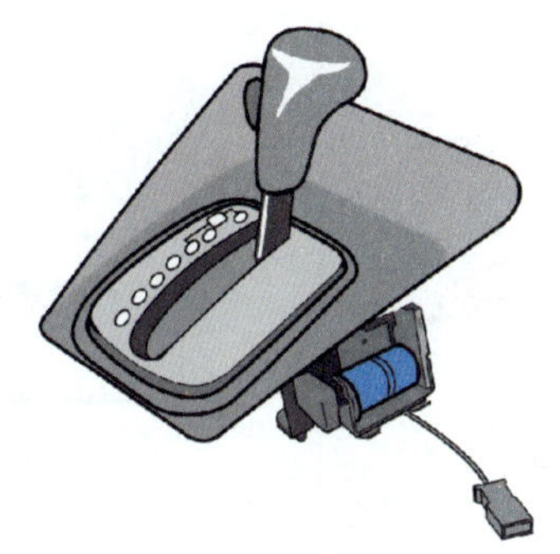

图 15–10 换挡杆锁止电磁阀安装位置

图 15–11 换挡杆位置指示器安装位置

（四）自动变速器电子控制单元对发动机电子控制单元的干预

自动变速器电子控制单元在每次换挡时，都会向发动机电子控制单元发送换挡信号，发动机电子控制单元收到此信号后，适当减小换挡时的燃油喷射量，从而减小发动机的瞬时扭矩，增加自动变速器换挡时的平顺性；另外，发动机还会根据自动变速器将要换入挡位的传动比适当调整换挡后的喷油量，从而控制发动机的扭矩。

（五）自动变速器电子控制单元紧急运行模式

当自动变速器重要传感器或电磁阀出现故障时，其控制单元将进入紧急运行模式。紧急运行模式下，所有电磁阀都不通电，控制单元退出工作。自动变速器在 D 挡位置时始终以 4 挡向前行驶。导致自动变速器进入紧急运行模式的电气元件主要有自动变速器输入转速传感器 G182、多功能开关 F125、电磁阀 N88 ~ N93。需要说明的是，若电磁阀 N94 电气线路断路，则会导致液力变矩器中的锁止离合器无法接合；若电磁阀 N94 电气线路短路，则会导致自动变速器进入紧急运行模式。

（六）自动变速器电控系统故障的检修方法

当怀疑自动变速器电控系统出现故障时，应按照以下步骤对其进行检修：

1. 使用故障诊断设备读取自动变速器电子控制单元中有无故障码。
2. 若系统存在故障码，应对故障码中所记录的电气元件进行检查。
3. 若系统中没有故障码，则应查阅电路图，并使用万用表对相应功能的电气线路进行检查。
4. 检查出故障原因后，应对故障线路进行修复，并尽可能找出导致故障的原因。

二、任务准备

在下列图片中勾选出完成本任务所需的工具、设备、资料等。

 工具车	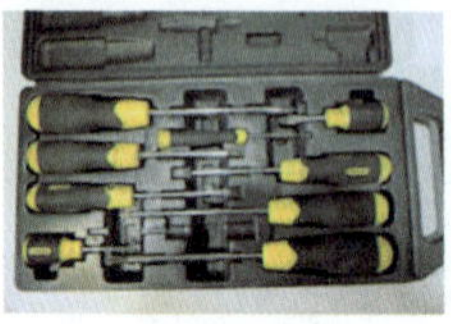 旋具套装	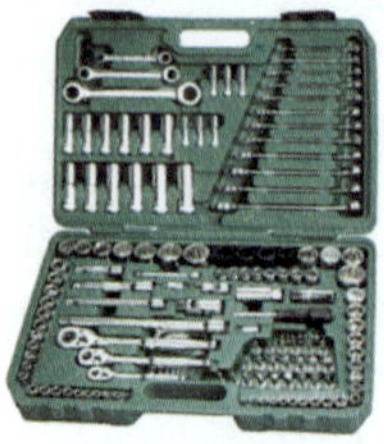 工具套件	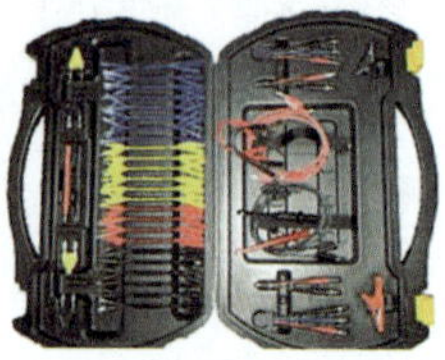 汽车万用表线组
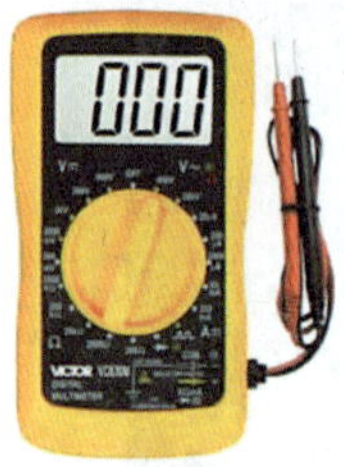 万用表	 试灯	 剥线钳	 故障诊断设备
 毛刷	 抹布	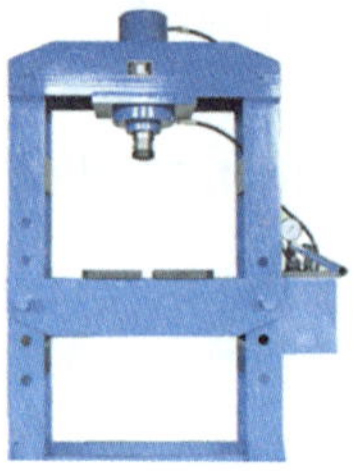 压床	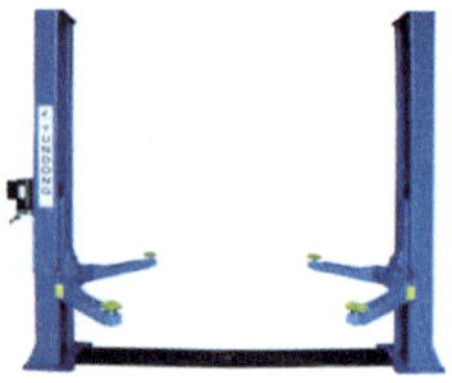 举升机
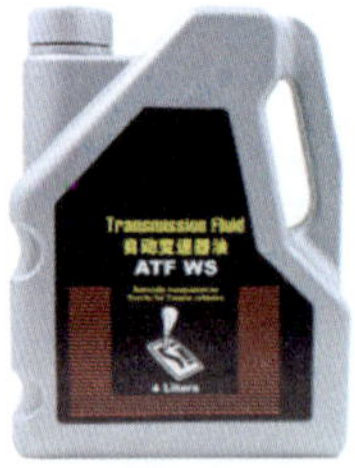 自动变速器油	 熔断器	 维修手册	 实训整车

三、防护措施

1. 进入车间应穿工鞋、戴工帽；工作服应穿戴整齐；操作时不可佩戴手表等金属饰品，以防划伤车辆表面。

2. 举升车辆时应严格按照举升机使用方法进行操作，并通知其他人员远离举升设备。

3. 更换油液或配件时应做好油液和配件的回收清理工作，以免对工作环境造成污染。

识别下列三幅车间操作图片，勾选出操作正确的图片。

		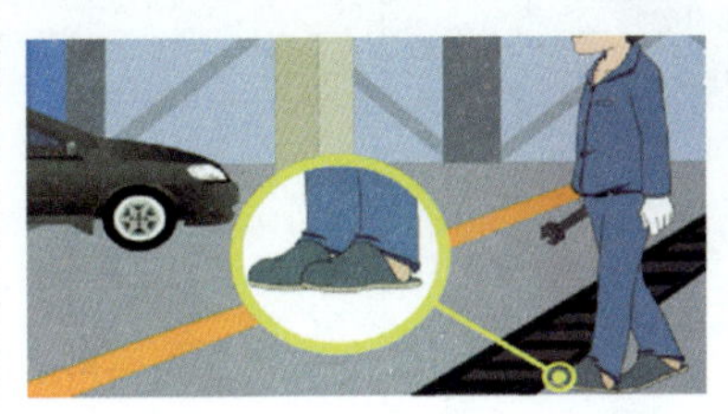

四、任务分配（见表 15-1）

表 15-1　任务分配表

职务	代码	姓名	工作内容
组长	A		
组员	B		
	C		
	D		
	E		

五、任务实施

（一）操作步骤

将表 15-2 中的工作内容进行排序，并填写所需的工具、设备、资料以及相关的注意事项。

表 15-2　操作步骤

项目名称	步骤	工作内容	工具、设备、资料	注意事项
准备工作	1	安装车辆防护工具		
	2	打开发动机舱盖，铺设翼子板布		
	3	检查举升机支撑臂是否处于正确位置，并将车辆举升至合适位置		
电控系统自诊断		连接故障诊断仪到车辆上的诊断接口，并打开自诊断，进入自动变速器系统		
		读取自动变速器故障存储器，查看有无故障码并记录，记录完毕清除故障码		

续表

项目名称	步骤	工作内容	工具、设备、资料	注意事项
电控系统自诊断		进入读取数据块功能，在怠速工况下读取 004 组数据。检查第一区油温是否正常，并操纵换挡杆在每个位置停留。检查第二区挡位显示与实际换挡杆位置是否相符		
		在行车状态下读取 001 组数据。检查前两区的数据是否在标准范围内。对照第四区挡位显示检查第三区数据是否正常		
		执行元件测试，观察故障诊断仪反馈的数据流，检查相关执行元件动作是否正常		
自动变速器输入转速传感器检查		关闭点火开关，拔下自动变速器电子控制单元插接器，使用万用表最大阻值挡测量 16、44 号端子与电源正极及搭铁之间的电阻值，都应为无穷大		
		使用万用表测量插接器上 16 号端子与 44 号端子之间的电阻值，应为 230～300 Ω		
		拔下自动变速器上的 16 针插接器，使用万用表测量变速箱侧插接器上 5 号端子与 6 号端子之间的电阻值，应为 230～300 Ω		
		使用万用表分别测量电子控制单元上的 T88/44、T88/16 号端子与自动变速器上 16 针插接器的 T16d/6、T16d/5 号端子之间导线的电阻值，不应大于 0.5 Ω		
自动变速器输出转速传感器检查		关闭点火开关，拔下自动变速器电子控制单元插接器，使用万用表最大阻值挡测量 14、42 号端子与电源正极及搭铁之间的电阻值，都应为无穷大		
		使用万用表测量插接器上 14 号端子与 42 号端子之间的电阻值，应为 230～300 Ω		
		拔下自动变速器上的 16 针插接器，使用万用表测量变速器侧插接器上 1 号端子与 10 号端子之间的电阻值，应为 230～300 Ω		
		使用万用表分别测量电子控制单元上的 T88/42、T88/14 号端子与自动变速器上 16 针插接器的 T16d/1、T16d/10 号端子之间导线的电阻值，不应大于 0.5 Ω		
液压控制电磁阀检查		关闭点火开关，拔下电子控制单元插接器与自动变速器上的 16 针插接器，使用万用表分别测量变速器 16 针插接器上 16、12 号端子与 8、9、4 号端子之间的电阻值，应为 25～35 Ω		
		使用万用表分别测量自动变速器 16 针插接器上 16、12 号端子与 2、3、7、11 号端子之间的电阻值，应为 6～8 Ω		
		使用万用表分别测量自动变速器电子控制单元插接器上 53、52、30、33、32、5、1、29、4 号端子与 16 针插接器上 16、12、8、9、4、2、3、7、11 号端子之间的电阻值，不应大于 0.5 Ω		
		使用万用表分别测量自动变速器电子控制单元插接器上 53、52、30、33、32、5、1、29、4 号端子与电源正极及搭铁之间的电阻值，都应为无穷大		

续表

项目名称	步骤	工作内容	工具、设备、资料	注意事项
油温传感器检查		使用万用表测量自动变速器 16 针插接器上 14 号端子与 13 号端子之间的电阻值，20 ℃时约为 0.83 kΩ，60 ℃时约为 1.28 kΩ		
		使用万用表测量自动变速器 16 针插接器上 13、14 号端子与自动变速器电子控制单元插接器上 21、22 号端子之间导线的电阻值，不应大于 0.5 Ω		
多功能开关检查		拔下多功能开关插接器与自动变速器电子控制单元插接器，使用万用表测量自动变速器电子控制单元插接器上 9、37、8、36 号端子与多功能开关插接器上 5、4、3、2 号端子之间导线的电阻值，不应大于 0.5 Ω		
		打开点火开关，检查多功能开关插接器的 1 号端子和 7 号端子有无电源电压		
		分别将自动变速器挂入 P 挡、N 挡、D 挡位置，使用万用表测量插接器上 1 号端子与 2 号端子之间的电阻值，不应大于 0.5 Ω		
		分别将自动变速器挂入 R 挡、N 挡、4 挡位置，使用万用表测量插接器上 1 号端子与 3 号端子之间的电阻值，不应大于 0.5 Ω		
		分别将自动变速器挂入 N 挡、D 挡、4 挡、2 挡位置，使用万用表测量插接器上 1 号端子与 4 号端子之间的电阻值，不应大于 0.5 Ω		
		分别将自动变速器挂入 D 挡、4 挡、3 挡位置，使用万用表测量插接器上 1 号端子与 5 号端子之间的电阻值，不应大于 0.5 Ω		
		将自动变速器挂入 R 挡，使用万用表测量插接器上 7 号端子与 8 号端子之间的电阻值，不应大于 0.5 Ω		
		分别将自动变速器挂入 P 挡和 N 挡，使用万用表测量插接器上 9 号端子与 10 号端子之间的电阻值，不应大于 0.5 Ω		
换挡杆锁止电磁阀检查		拔下电子控制单元插接器与换挡杆锁止电磁阀插接器，测量换挡杆锁止电磁阀插接器上 1 号端子与电子控制单元插接器上 2 号端子之间导线的电阻值，不应大于 0.5 Ω		
		打开点火开关，检查换挡杆锁止电磁阀 2 号端子有无电源电压，若无电源电压，则应检查熔断器 S231 是否熔断		
整理		撤去翼子板布，关闭发动机舱盖并进行试车，验证故障是否排除		
		撤去车辆防护工具		

（二）实施记录

结合任务实施过程，对照表 15-3 中的检查项目，勾选出实际的检查结果。

表 15-3　实施记录

<table>
<tr><th colspan="3">项目</th><th>检查结果</th><th>备注</th></tr>
<tr><td rowspan="5">常规检查</td><td rowspan="2">换挡杆</td><td>换挡杆锁</td><td>正常 □　无法解锁 □　其他故障 □</td><td rowspan="2"></td></tr>
<tr><td>换挡杆位置</td><td>正常 □　实际位置与显示不匹配 □　其他故障 □</td></tr>
<tr><td rowspan="3">外观与线束</td><td>外观</td><td>正常 □　裂纹 □　渗漏 □　凹陷 □　其他故障 □</td><td rowspan="3"></td></tr>
<tr><td>线束插接器</td><td>正常 □　弯折 □　破损 □　锈蚀 □　其他故障 □</td></tr>
<tr><td>电磁阀线束</td><td>正常 □　破损 □　弯折 □　挤压 □　其他故障 □</td></tr>
<tr><td rowspan="3">电控系统检查</td><td colspan="2">故障码</td><td>有（将故障码内容备注到右侧表格中）□　无 □</td><td></td></tr>
<tr><td colspan="2">执行元件测试</td><td>正常 □　某一电磁阀无动作（将具体内容填写至备注）□</td><td></td></tr>
<tr><td colspan="2">数据流</td><td>无异常 □　数据超出标准值（将具体内容填写至备注）□</td><td></td></tr>
<tr><td rowspan="2">液压控制系统检查</td><td colspan="2">液面高度</td><td>正常 □　过高 □　过低 □</td><td></td></tr>
<tr><td colspan="2">油液质量</td><td>正常 □　杂质过多 □　黏度过低 □　其他情况 □</td><td></td></tr>
</table>

六、检查

（一）自检

结合本组任务操作过程，对任务执行过程中的操作规范性进行检查，如果存在问题，分析讨论应如何避免，并总结规范的操作方法（见表 15-4）。

表 15-4　自检

检查项目	结果
车辆停放位置是否合适，是否将自动变速器置于 P 挡并拉紧驻车制动器	
是否使用车辆防护工具对车辆进行防护	
是否按规范操作举升机，是否注意人身安全	
自动变速器检测项目是否有漏项	
工作场地是否清洁，车辆是否复位	

（二）互检

组与组之间相互进行任务操作过程及结果检查，并把检查结果填写在表 15-5 中。

表 15-5　互检

检查项目	结果
车辆停放位置是否合适，是否将自动变速器置于 P 挡并拉紧驻车制动器	

续表

检查项目	结果
是否使用车辆防护工具对车辆进行防护	
是否按规范操作举升机，是否注意人身安全	
自动变速器检测项目是否有漏项	
工作场地是否清洁，车辆是否复位	

七、课堂小结

任务十六　自动变速器电控系统故障诊断与维修（二）

<table>
<tr><td colspan="7">汽车自动变速器故障诊断与维修任务工单——换挡控制器检查</td></tr>
<tr><td>客户信息</td><td>姓名</td><td colspan="2"></td><td>电话</td><td colspan="2"></td></tr>
<tr><td rowspan="2">车辆信息</td><td colspan="2">车型</td><td colspan="2">VIN 码</td><td colspan="2">行驶里程</td></tr>
<tr><td colspan="2"></td><td colspan="2"></td><td colspan="2"></td></tr>
<tr><td>客户描述</td><td colspan="6">入挡不走车 □　手动模式失灵 □　换挡杆无法解锁 □　自动变速器挡位错乱 □
行驶缓慢 □　入挡闯车 □　自动变速器工作异响 □　自动变速器未保养 □
其他：</td></tr>
<tr><td colspan="3">车辆外观检查</td><td colspan="4">车辆内部检查</td></tr>
<tr><td>凹凸 □</td><td rowspan="4" colspan="2"></td><td>污渍 □</td><td rowspan="4" colspan="3"></td></tr>
<tr><td>划痕 □</td><td>破损 □</td></tr>
<tr><td>石击 □</td><td>色斑 □</td></tr>
<tr><td>油漆 □</td><td>变形 □</td></tr>
<tr><td>明确具体工作任务</td><td colspan="6"></td></tr>
</table>

任务目标

- 能够对自动变速器电控系统进行自诊断
- 能够对自动变速器电控系统各传感器与执行器进行电气线路检查
- 能够对多功能开关进行故障检查并对其进行修复

任务内容

- 自动变速器电控系统的组成
- 自动变速器电控系统各传感器与执行器的作用
- 多功能开关的作用与原理
- 自动变速器电子控制单元紧急运行模式
- 自动变速器电控系统故障的检修方法

续表

 任务重点	● 自动变速器电控系统的组成 ● 多功能开关的作用与原理
 任务难点	● 自动变速器电控系统故障的检修方法 ● 自动变速器电子控制单元紧急运行模式

一、任务准备

在下列图片中勾选出完成本任务所需的工具、设备、资料等。

 工具车	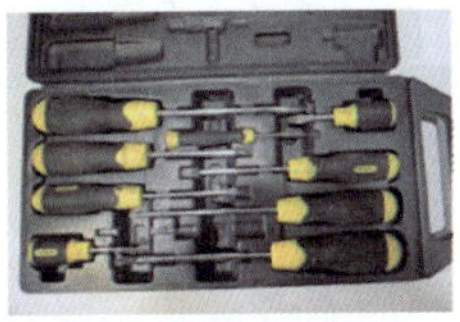 旋具套装	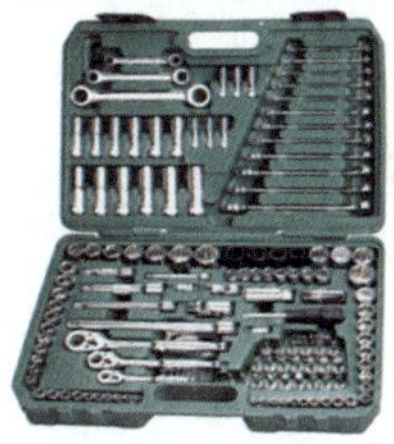 工具套件	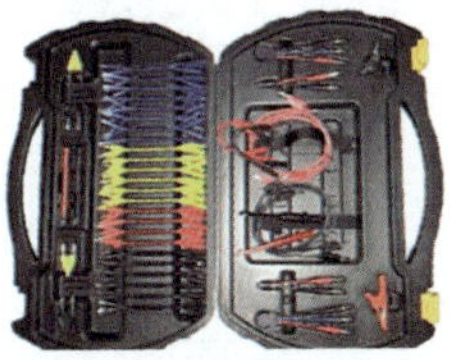 汽车万用表线组
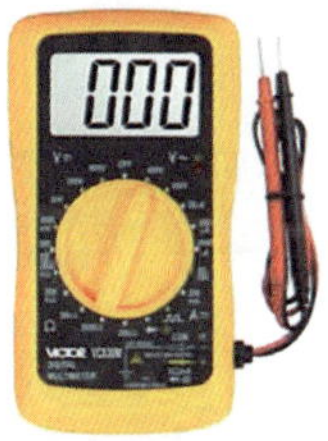 万用表	 试灯	 剥线钳	 故障诊断设备
 毛刷	 抹布	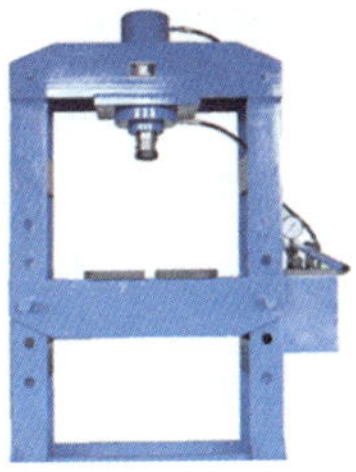 压床	 举升机
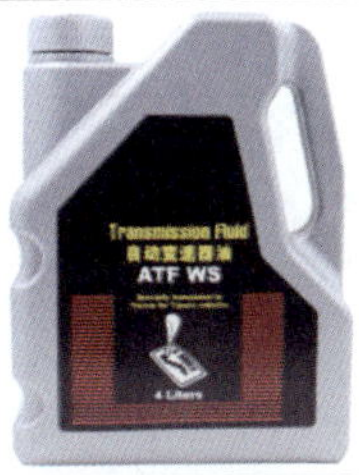 自动变速器油	 熔断器	 维修手册	 实训整车

二、防护措施

1. 进入车间应穿工鞋、戴工帽；工作服应穿戴整齐；操作时不可佩戴手表等金属饰品，以防划伤车辆表面。

2. 举升车辆时应严格按照举升机使用方法进行操作，并通知其他人员远离举升设备。

3. 更换油液或配件时应做好油液和配件的回收清理工作，以免对工作环境造成污染。

识别下列三幅车间操作图片，勾选出操作正确的图片。

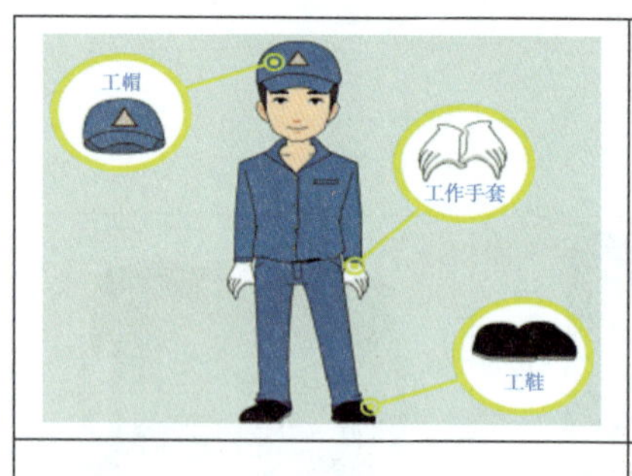		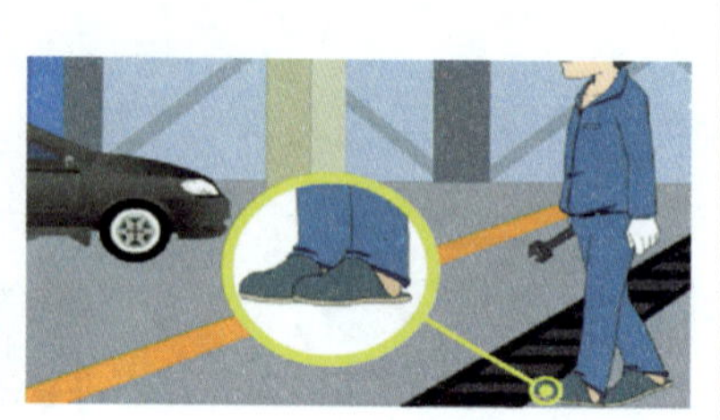

三、任务分配（见表 16-1）

表 16-1　任务分配表

职务	代码	姓名	工作内容
组长	A		
组员	B		
	C		
	D		
	E		

四、任务实施

（一）操作步骤

将表 16-2 中的工作内容进行排序，并填写所需的工具、设备、资料以及相关的注意事项。

表 16-2　操作步骤

项目名称	步骤	工作内容	工具、设备、资料	注意事项
准备工作	1	安装车辆防护工具		
	2	打开发动机舱盖，铺设翼子板布		
	3	检查举升机支撑臂是否处于正确位置，并将车辆举升至合适位置		

续表

项目名称	步骤	工作内容	工具、设备、资料	注意事项
电控系统自诊断		连接故障诊断仪到车辆上的诊断接口，并打开自诊断，进入变速器系统		
		读取自动变速器故障存储器，查看有无故障码并记录，记录完毕清除故障码		
		进入读取数据块功能，在怠速工况下读取 004 组数据。检查第一区油温是否正常，并操纵换挡杆在每个位置停留。检查第二区挡位显示与实际换挡杆位置是否相符		
		在行车状态下读取 001 组数据。检查前两区的数据是否在标准范围内。对照第四区挡位显示检查第三区数据是否正常		
		执行元件测试，观察故障诊断仪反馈的数据流，检查相关执行元件动作是否正常		
自动变速器输入转速传感器检查		关闭点火开关，拔下自动变速器电子控制单元插接器，使用万用表最大阻值挡测量 16、44 号端子与电源正极及搭铁之间的电阻值，都应为无穷大		
		使用万用表测量插接器上 16 号端子与 44 号端子之间的电阻值，应为 230～300 Ω		
		拔下自动变速器上的 16 针插接器，使用万用表测量变速箱侧插接器上 5 号端子与 6 号端子之间的电阻值，应为 230～300 Ω		
		使用万用表分别测量电子控制单元上的 T88/44、T88/16 号端子与变速器上 16 针插接器的 T16d/6、T16d/5 号端子之间导线的电阻值，不应大于 0.5 Ω		
自动变速器输出转速传感器检查		关闭点火开关，拔下自动变速器电子控制单元插接器，使用万用表最大阻值挡测量 14、42 号端子与电源正极及搭铁之间的电阻值，都应为无穷大		
		使用万用表测量插接器上 14 号端子与 42 号端子之间的电阻值，应为 230～300 Ω		
		拔下自动变速器上的 16 针插接器，使用万用表测量变速器侧插接器上 1 号端子与 10 号端子之间的电阻值，应为 230～300 Ω		
		使用万用表分别测量电子控制单元上的 T88/42、T88/14 号端子与自动变速器上 16 针插接器的 T16d/1、T16d/10 号端子之间导线的电阻值，不应大于 0.5 Ω		
液压控制电磁阀检查		关闭点火开关，拔下电子控制单元插接器与自动变速器上的 16 针插接器，使用万用表分别测量变速器 16 针插接器上 16、12 号端子与 8、9、4 号端子之间的电阻值，应为 25～35 Ω		
		使用万用表分别测量自动变速器 16 针插接器上 16、12 号端子与 2、3、7、11 号端子之间的电阻值，应为 6～8 Ω		
		使用万用表分别测量自动变速器电子控制单元插接器上 53、52、30、33、32、5、1、29、4 号端子与 16 针插接器上 16、12、8、9、4、2、3、7、11 号端子之间的电阻值，不应大于 0.5 Ω		

续表

项目名称	步骤	工作内容	工具、设备、资料	注意事项
液压控制电磁阀检查		使用万用表分别测量自动变速器电子控制单元插接器上 53、52、30、33、32、5、1、29、4 号端子与电源正极及搭铁之间的电阻值，都应为无穷大		
油温传感器检查		使用万用表测量自动变速器 16 针插接器上 14 号端子与 13 号端子之间的电阻值，20 ℃时约为 0.83 kΩ，60 ℃时约为 1.28 kΩ		
		使用万用表测量自动变速器 16 针插接器上 13、14 号端子与自动变速器电子控制单元插接器上 21、22 号端子之间导线的电阻值，不应大于 0.5 Ω		
多功能开关检查		拔下多功能开关插接器与自动变速器电子控制单元插接器，使用万用表测量自动变速器电子控制单元插接器上 9、37、8、36 号端子与多功能开关插接器上 5、4、3、2 号端子之间导线的电阻值，不应大于 0.5 Ω		
		打开点火开关，检查多功能开关插接器的 1 号端子和 7 号端子有无电源电压		
		分别将自动变速器挂入 P 挡、N 挡、D 挡位置，使用万用表测量插接器上 1 号端子与 2 号端子之间的电阻值，不应大于 0.5 Ω		
		分别将自动变速器挂入 R 挡、N 挡、4 挡位置，使用万用表测量插接器上 1 号端子与 3 号端子之间的电阻值，不应大于 0.5 Ω		
		分别将自动变速器挂入 N 挡、D 挡、4 挡、2 挡位置，使用万用表测量插接器上 1 号端子与 4 号端子之间的电阻值，不应大于 0.5 Ω		
		分别将自动变速器挂入 D 挡、4 挡、3 挡位置，使用万用表测量插接器上 1 号端子与 5 号端子之间的电阻值，不应大于 0.5 Ω		
		将自动变速器挂入 R 挡，使用万用表测量插接器上 7 号端子与 8 号端子之间的电阻值，不应大于 0.5 Ω		
		分别将自动变速器挂入 P 挡和 N 挡，使用万用表测量插接器上 9 号端子与 10 号端子之间的电阻值，不应大于 0.5 Ω		
换挡杆锁止电磁阀检查		拔下电子控制单元插接器与换挡杆锁止电磁阀插接器，测量换挡杆锁止电磁阀插接器上 1 号端子与电子控制单元插接器上 2 号端子之间导线的电阻值，不应大于 0.5 Ω		
		打开点火开关，检查换挡杆锁止电磁阀 2 号端子有无电源电压，若无电源电压，则应检查熔断器 S231 是否熔断		
整理		撤去翼子板布，关闭发动机舱盖并进行试车，验证故障是否排除		
		撤去车辆防护工具		